KYOTO
PRIVATE
ROOM

大切な人を連れていきたい
京都個室のあるお店

CONTENTS

- 4 　特別な日の感動が増すカウンター個室
- 12 　庭の雰囲気が素敵な個室
- 20 　夜の雰囲気が素敵な個室
- 30 　祇園
- 38 　河原町
- 46 　烏丸
- 54 　京都駅
- 64 　和食ランチでおもてなし
- 70 　喫茶でおもてなし
- 76 　大切な人をおもてなし
- 84 　ホテルの個室でおもてなし

CHECK!

COLUMN

90 21時以降も入店可能なお店

98 大人数でも対応可能なお店

28 個室のあるBAR

44 二軒目は酒×スイーツ

62 子どもと一緒に個室で食事会

74 宿泊は街中ホテルで

※掲載されている価格は特別な表記がない場合、税別価格となっています。
2019年10月以降の税率変更に伴い価格が変更になる場合がございます。

※本誌に掲載されている情報は、2019年7月現在のものです。
※料金や営業時間などの各データは、季節や日時の経過により変わる場合がありますのでご注意ください。
※お盆、年末年始の休みは通常と異なる場合がありますので、各掲載店へお問い合わせください。
※掲載されている料理写真はイメージです。仕入れの都合や季節により内容が変更になる場合がございます。予めご了承ください。

CATEGORY
懐石料理
- KAISEKI RYOURI -

特別な日の感動が増すカウンター個室

料理人のパフォーマンスを間近で見られたり
出来たてのひと皿が目の前に運ばれてきたり。
大切な人をもてなすとっておきの時間には
プライベート感満載のカウンター個室へ。

PRIVATE × COUNTER
KIYAMA
ダシを真髄まで
味わい尽くす懐石料理

至福の時間の始まりに胸が高鳴る。季節の具をのせた卵とじ丼、名物玉〆。締めのごはんは3～4品有り、全種類いただくことも可能。ダシを存分に堪能できる椀物。昼、夜ともコースのみ

PRIVATE ROOM

カウンター×個室

\ 香りがふわっと立ち込める /

・DATA・

● 完全個室2室：カウンター席(5～7名)×1、テーブル席(2～6名)×1
◎ 共に利用料無、完全予約制

きやま
☎ 075・256・4460
🏠 京都市中京区堺町通夷川上ル絹屋町136 ヴェルドール御所1F
🍴 懐石料理
¥ 1人の料金目安／
　昼1万2000円、夜2万5000円
　※別途サービス料必要
📱 完全予約制

木山

[和久傳]で16年経験を積み、料理長も務めた木山義朗さん。独立を機に、日本料理の根幹、ダシにこだわる店を持つ夢を叶えた。コースは庭に掘った井戸の水を使い、目の前で鰹の本枯節と荒節、鮪節を削りダシを引く演出でスタート。粋な木山劇場開幕に喉が鳴る。

🕐 12:00～13:30(入店)、18:00～19:30(入店) 休 不定休 🚭 全席禁煙
👶 子ども可(個室利用に限る) Ⓟ 無

栗の木のカウンターをメインに、土壁、折敷の色まで統一。個室でもダシ引きは目の前で

店舗を通らず、直接行けるカウンター個室。シェフを独り占めできる特別感を味わえる

CATEGORY
鉄板焼
- TEPPANYAKI -

ディナータイムには、モーリヤ厳選牛1万5800円〜や神戸牛1万9800円〜などがおすすめ。特製ガーリックライスや鮮魚の鉄板焼きなど、アラカルトも用意。ランチは5000円〜

＼ これぞ本物の神戸牛！ ／

モーリヤ祇園

　A5ランクにこだわった本物の神戸牛を、丁寧に料理人が焼き上げる。期待感に胸を膨らませ、一口味わえば、その美味しさに悶絶。とっておきの記念日や、自分へのご褒美に訪れたい一軒だ。神戸で130余年の経験を持つ専門店だからこそ為せる技を存分に堪能したい。

🕚11:30〜23:00(LO／21:30)
休不定休　全席禁煙　子ども可（10歳未満不可）　P無

・DATA・

● 完全個室1室：カウンター席(2〜4名)×1
※利用料は飲食代の10％、完全予約制
● 半個室1室：カウンター席(〜5名)×1
※最小人数は要確認、利用料無、予約がベター

モーリヤぎおん
☎ 075・532・4129
🏠 京都市東山区大和大路通四条下ル大和町7-1
　祇園モーリヤビル1F
🍴 鉄板焼
¥ 1人の料金目安／昼1万円、夜2万2000円
📱 予約がベター

PRIVATE × COUNTER
OTONARI KUKUZEN
ひと味違った
大人な夜を演出する

カウンターバースタイルの個室
は、他の部屋とは異なり隠れ家の
ような落ち着いた雰囲気

PRIVATE ROOM

カウンター×個室

\ 祇園の路地に佇む /

コースは1万円〜3種を用意。彩り美しい八寸や釜炊きごはんは旬の味わいを提供。シャトーブリアンのステーキが登場することも。飲み放題が付いた1万3888円のお得なプランもあり

· DATA ·

●半個室3室・カウンター席(2〜5名)×1、テーブル席(2〜6名)×2
◎すべて利用料無、予約がベター

おとなり くくぜん
☎ 075-561-9900
🏠 京都市東山区祇園町南側570-123
🍴 創作和食
¥ 1人の料金目安／1万円
📱 予約がベター

おとなり 栩栩膳

　老舗料亭で研鑽を積んできた店主が腕前を披露するこちら。京料理の伝統を大切にしつつ、創意工夫を凝らしたひと皿は見た目も麗しい。なかでもコースの締めに登場する釜炊きごはんは絶品。季節の食材で彩られたごはんはふっくら炊きあげられ、お腹も心も幸せで満たしてくれる。

営 17:00〜24:00
休 不定休　禁煙席有　子ども可(12歳以上に限る)　P 無

CATEGORY
天ぷら
― TEMPURA ―

昼は天丼2200円、定食3800円の他、天ぷら10品ほどが提供される6000円のコースを用意。夜は1万円、1万3000円、1万5000円のコースから選べる

\ 揚げたては格別 /

・DATA・

● 完全個室2室：テーブル席(2〜4名)×1、テーブル席(4〜8名)×1
◎ 共に利用料無、完全予約制

てんゆう
☎ 075・212・7778
🏠 京都市中京区麩屋町通三条上ル下白山町299
🍴 天ぷら
¥ 1人の料金目安／昼6000円、夜1万5000円
📱 予約がベター

点邑

　ゲストのペースに合わせて料理人が揚げたてを供してくれる天ぷら専門店。その時一番美味しい食材を選びコースを構成するので、季節ごとに足を運びたくなる。老舗の名旅館[俵屋旅館]がプロデュースしているとあり、随所にもてなしの精神を感じられる。

🕐 11:30〜13:30、17:30〜21:00(LO)
🚫 火曜休　🚭 全席禁煙　👶 子ども可(6歳以下は個室のみ利用可)　🅿 無

PRIVATE ROOM ／／／／／ カウンター×個室 ／／／／／

PRIVATE × COUNTER
TENYU
大きな窓に映える
木々の緑が美しい個室

個室は1Fに8名用の庭坐と4名用の坪坐の2室を用意。揚げたてを部屋まで運んでくれる

PRIVATE × GARDEN
KYORYOURI HAKU
趣深い空間で
優美な和食に舌鼓を打つ

世界的に高く評価されている、庭園デザイナー石原和幸氏が手掛けた庭に臨む個室

PRIVATE ROOM

庭の雰囲気が素敵な個室

四季折々の景色に彩られた庭は見る角度によって表情を変える。心を和ませてくれる庭を独り占めするような贅沢に浸れる部屋で食事を堪能しよう。

庭×個室

・DATA・

● 完全個室4室：1人用掘り炬燵席（2～4名）×2、座敷（2～6名）×2
◎ すべて利用料無、完全予約制

きょうりょうり はく
☎ 075-254-8717
🏠 京都市中京区木屋町通三条上ル上大阪町528-3
🍴 和食
¥ 1人の料金目安／1万8000円
　※別途サービス料10%
📱 完全予約制

京料理 箔

建物は、坂本龍馬に剣術を指導したという武市半平太の寓居跡。幕末当時のまま残る柱や階段に歴史を感じる。2019年夏より料理長竹嶋さんを迎え、和牛を中心とした肉割烹を提供。丹波立杭焼の器に盛り付けられる繊細な料理を堪能して。1日1組限定で宿泊も可能。

営 17:00～22:00（LO／21:00）　休 水曜休
全席禁煙（喫煙スペース有）
子ども可（要相談）　P 無

\ 彩り綺麗なひと皿に感動 /

料理は1万8000円のコースのみ。四季折々の食材を用いた京料理の数々を味わえる。この日の八寸は庭をイメージ。ワインや日本酒も豊富に取り揃える

昼2000円や夜5000円のコースから、低温調理で旨みを封じ込めた京都ぽーくのローストなど。[齊藤酒造]の酒粕や[宮本ファーム]の野菜、料理長も地元出身と伏見愛たっぷり

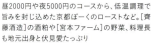
\ 希少な意匠は見応えあり /

明治初期の町家様式を伝える貴重な建物。空間を贅沢に使った2つの個室が坪庭を挟む

・DATA・

●完全個室2室：テーブル席(2〜4名)×1、テーブル席(6〜8名)×1
◎共に利用料無、予約はリクエスト制

みずのみやび きょうとふしみ

☎ 075・574・7482
🏠 京都市伏見区京町1-244
🍴 フレンチ
¥ 1人の料金目安／昼2500円、夜6000円
📱 予約がベター

水ノ雅
KYOTO FUSHIMI

伏見の蔵元[齊藤酒造]の社長が育った、築150年の邸宅を改装したレストラン。フランスの1つ星レストランなどで研鑽を積んだシェフが、高知から最短ルートで届く魚や地元食材を、日本酒にも合うフレンチに仕上げる。お箸でも食べやすく、三世代家族にも好評。

営 11:00〜15:00(LO／14:00)、17:00〜22:00(LO／20:30)
休 水曜休
禁 全席禁煙(店外・屋外に喫煙スペースあり)
子ども可　P5台

PRIVATE × GARDEN
MIZUNO MIYABI
KYOTO FUSHIMI
歴史ある邸宅で堪能する
極上和フレンチ

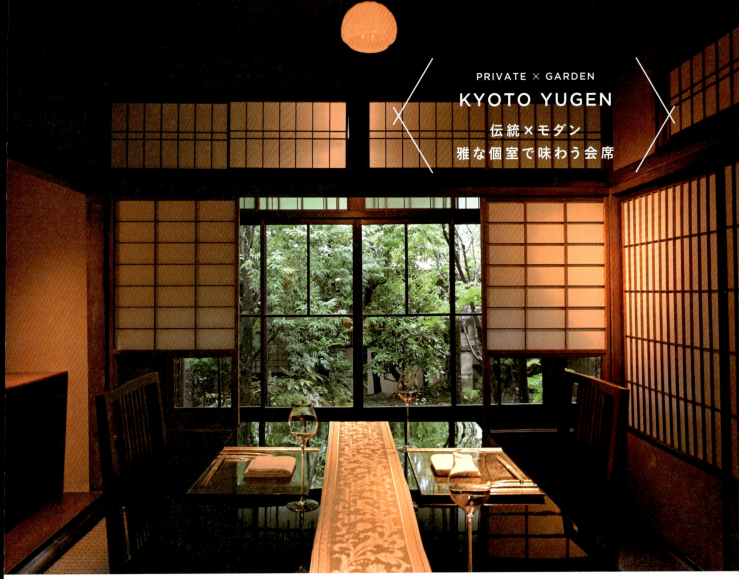

PRIVATE × GARDEN
KYOTO YUGEN
伝統×モダン
雅な個室で味わう会席

秋から冬にかけては、色づく紅葉が楽しめる
など店内中央に広がる庭園が眺められる

• DATA •

- ●完全個室4室：テーブル席（2〜6名）×2、テーブル席（2〜8名）×1、堀り炬燵席（2〜4名）×1
- ●半個室2室：テーブル席（4〜30名）×2
- ◎すべて利用料無、完全予約制

きょうと ゆうげん
☎ 075・533・8791
🏠 京都市東山区八坂上町385-8
🍴 和食
¥ 1人の料金目安／昼7000円、夜2万5000円
　※夜は別途サービス料10%
📱 完全予約制

京都 幽玄

　八坂の塔のたもと、かつて川端康成などの文豪が訪れた老舗旅館（旧三井邸）をリノベーションし、料亭として新しい時を刻んでいる。こちらで楽しめるのは、伝統とモダンが融合した会席料理。食材を活かす技と演出を、ワインとのマリアージュで堪能できる。

営 11:30〜14:00（最終入店／13:30）、17:30〜22:00（最終入店／20:00）
休 不定休（新館の結婚式に準じる）
禁煙席無　子ども可（12歳以上、大人と同じ料理に限る）Ｐ無

選び抜かれた旬素材の持ち味をさまざまな調理法で引き出す会席。昼は6300円と9260円、夜は1万6200円と2万1000円のそれぞれ2種類。斬新な感性に驚かされる

PRIVATE × GARDEN
NANZENJISANDO KIKUSUI
七代目小川治兵衛の庭と呼応する空間を演出

上質な時間を過ごせる、趣の異なる3室。唯一無二の空間で思い思いのひとときを

・DATA・

● 完全個室3室：テーブル席（2〜18名）×3　◎すべて利用料は飲食代の15％　完全予約制

なんぜんじさんどう きくすい

☎ 075・771・4101
🏠 京都市左京区南禅寺福地町31
🍴 和食・洋食
¥ 1人の料金目安／昼1万2000円、夜1万5000円（個室利用の場合）
※ダイニングは夜のみ別途サービス料10％
📱 完全予約制

南禅寺参道 菊水

　創業60年の料理旅館が、明治期の数寄屋造りを大胆に改装。七代目小川治兵衛が手掛けた池泉回遊式庭園を望む個室は3室。[日本料理 柏屋]の松尾氏が和食、バルニバービグループの大筆氏が洋食を監修し、四季の自然を巧みに表現した料理が楽しめる。

営 ランチ11:30〜14:00(LO)
カフェ14:30〜17:00※完全予約制
ディナー17:30〜22:00(フードLO／20:00、ドリンクLO／21:30)
休 無休　全席禁煙　子ども可
P 5台（宿泊客優先）

1万2000円のコースから、赤松や季節の草花で彩られる[菊水]の庭を表現したアミューズ。京都近郊で採れた野菜を昆布のジュレと一緒に。他に1万8000円のコースもあり

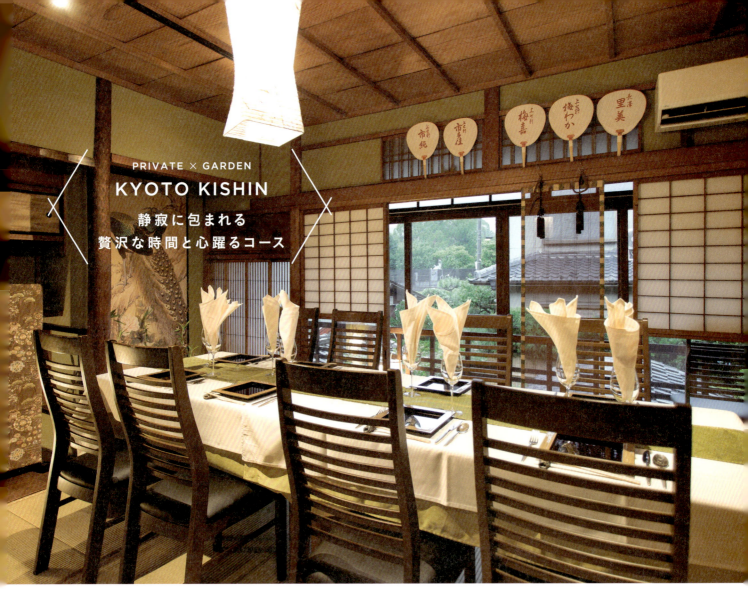

PRIVATE × GARDEN
KYOTO KISHIN
静寂に包まれる贅沢な時間と心躍るコース

庭を望む2Fは個室使いが可能。2019年10月以降には別邸もオープン予定

・DATA・
● 半個室2室：テーブル席(2〜4名)×1、テーブル席(5〜12名)×1
◎共に利用料無、完全予約制

きょうと きシン
☎ 075・432・7734
🏠 京都市北区衣笠西御所ノ内町37
🍴 フレンチ
💴 1人の料金目安／昼3500円、夜1万円
📱 予約がベター

京都 喜Shin

　金閣寺からほど近い場所に佇む京町家のレストラン。いつまでも見ていたくなる、まるで芸術作品のようなひと皿でゲストをもてなす。フレンチでありながら和のエッセンスをしのばせ、口にした瞬間、その洗練された創造性に驚かされるはず。特別な日に訪れたくなる一軒。

🕙 11:30〜15:30(LO／14:00)、17:30〜22:00(LO／20:30)
休 不定休
🚭 全席禁煙　子ども可　Ⓟ無

一流ホテルで総料理長を務めた樋口シェフの異名は、"皿の上のアーティスト"。匠の感性が冴える料理を。ランチコース3500円〜、ディナーコース円7000円〜

PRIVATE × GARDEN
KOI-KOI PRODUCED BY YUGYOAN
レトロモダンな一軒家で和食の心を知る

大きな窓から庭を眺められる京情緒漂う店内。シャンデリアなど調度品が気分を高めてくれる

DATA
- ●完全個室1室:テーブル席(1～6名)×1
- ◎昼夜共に1人5000円以上(飲み物代別)の注文で利用可、完全予約制

コイ コイ プロデュースド バイ ゆうぎょあん
- ☎ 075-525-1379
- 京都市東山区下河原通高台寺門前下河原町463-14
- 和食
- 1人の料金目安／昼3000円、夜5000円
- 予約がベター

KOI-KOI Produced By 熊魚菴

　老舗の京料理店[熊魚菴 たん熊北店]が手掛ける出し茶漬け専門店。お茶漬けに旬の野菜、椀物、焼物などが並ぶお膳に、素材の風味を素直に活かす和食の心意気が凝縮されているよう。無農薬自然農法で収穫して天日干しする「鯉恋米」と共に味わって。

営 モーニング8:00～10:00、ランチ11:00～15:00(LO／14:00)、ディナー18:00～22:00(LO／21:00) 休 月曜休
全席禁煙　子ども可(ベビーチェア無)
P 無

店名の由来は、水田に鯉を泳がせて除草するオリジナル米「鯉恋米」から。京料理の老舗ならではの味を、肩肘張らずに堪能したい。朝粥膳2300円、出し茶漬け膳3000円(税込)

PRIVATE ROOM

夜の雰囲気が素敵な個室

京都ならではの風情溢れる景色や幻想的にライトアップされた庭など夜のひとときを盛り上げてくれる一軒で、料理とムードに酔うドラマチックな時間を過ごして。

＼ 南座が見えるテーブル席も ／

先斗町でもひと際目を引くスタイリッシュな一軒。対岸の夜景を2Fの個室から楽しんで

・DATA・

● 半個室1室：テーブル席（2～4名）×1
◎ 利用料無、完全予約制

クッチーナ イタリアーナ &
バー スフィーダ

☎ 075・212・1555
🏠 京都市中京区先斗町通四条上ル鍋屋町232-10
🍴 イタリアン
¥ 1人の料金目安／昼4000円、夜8000円
※別途サービス料10%
📱 予約がベター

CUCINA ITALIANA & BAR SFIDA

　京都の老舗イタリアンで修業を積んだ鶴谷シェフが、季節の素材を巧みに盛り込んだ美しいひと皿で、イタリアの伝統的な料理の魅力を伝えてくれる。全面ガラス張りの窓から鴨川と東山の景色を眺めながら、ワインと一緒に味わいたい。

🕐 12:00～15:00（LO／13:30）、18:00～23:00（LO／21:30）※バー18:00～翌2:00
🚫 火曜休（祝前日の場合は営業）　🚭 全席禁煙（バーのみ喫煙可）　😊 子ども不可　🅿 無

PRIVATE ROOM　夜×個室

PRIVATE × NIGHT VIEW
CUCINA ITALIANA & BAR SFIDA
鴨川を望む景色と本格イタリアン

季節の食材を駆使した美しい前菜や手打ちパスタ、肉か魚から選べるメインなどが食べられるコース。夜は7500円〜、昼は3500円〜。2Fにあるバーではアラカルトを提供

ビルの8Fから鴨川を見下ろす個室で、この上なく贅沢なひとときを

＼ シェフの目利きが光る ／

鉄板焼きステーキコース6980円〜、四季のフレンチコース8000円〜。黒毛和牛のなかでもA5ランクの雌牛だけを使用するというこだわりぶり

・DATA・

● 半個室1室：テーブル席（2〜8名）×1
◎ 利用料5000円、予約がベター

そうふく

☎ 075・256・0333
🏠 京都市中京区木屋町通三条上ル
　　上大阪町521 京都エンパイヤビル8F
🍴 鉄板焼
¥ 1人の料金目安／1万3000円
　※別途サービス料10%
📱 予約がベター

素福

　高温で焼き目をつけ、低温で旨みを閉じ込めたA5ランク国産黒毛和牛の鉄板焼きコースをお手頃価格で楽しめる。蒸しアワビに活け伊勢海老やオマール海老と、豪華食材を使った鉄板フレンチコースも。京都の眺望を大パノラマで見渡すロケーションで、特別な夜を盛り上げて。

🕐 17:00〜23:00（LO／21:00）　休 不定休
🚭 全席禁煙　😊 子ども可（9歳以下は個室のみ利用可）
🅿 無

PRIVATE ROOM 夜×個室

⟨ PRIVATE × NIGHT VIEW ⟩
SOFUKU
煌めく夜景と
旬素材が彩る鉄板焼コース

PRIVATE × NIGHT VIEW
ARASHIYAMA MITATE

モダンな店内から坪庭や嵐山の借景を楽しむ

白を基調とした奥にある離れは坪庭に臨む。全室個室で嵐山の借景を楽しめる部屋もあり

独創的な盛り付けや創意工夫を加えたもてなしが見事。唯一無二のコースを味わって。昼は5000円、7500円の2種、夜は7500円、1万円、1万2000円の3種を用意

嵐山MITATE

嵐山に静かに佇む一軒家レストランで供されるのは、京料理とフレンチを融合させたヌーベル・キュイジーヌ。コースひと皿ごとにテーマがあり、趣向を凝らした演出がまるで絵巻物のようにゲストを魅了する。陶芸作家小川宜之氏の器と併せて堪能して。

🕘 11:00〜13:30(LO)、17:00〜20:30(LO)　休 水曜休　🚭 全席禁煙
子ども可(昼のみに限る、夜は要相談)
Ⓟ 無

・DATA・

● 完全個室7室:テーブル席(1〜2名)×1、テーブル席(1〜4名)×3、テーブル席(1〜6名)×1、テーブル席(1〜8名)×1、テーブル席(1〜10名)×1
◎すべて利用料無、完全予約制

あらしやまミタテ
☎ 075・863・1551
🏠 京都市右京区嵯峨天龍寺造路町33-25
🍴 京料理とフレンチ
¥ 1人の料金目安／昼6000円、夜1万円
📱 予約がベター

全国から届く旬の食材を活かし、味わいだけでなく香りや盛り付けからも季節を感じさせてくれる。美食家たちに話題の料理が昼5000円～、夜1万5000円～楽しめる

・DATA・

●完全個室2室：テーブル席(2～4名)×1、掘り炬燵席(4～8名)×1
◎共に利用料無、予約がベター

にほんりょうり ふじい
☎ 075・771・2500
🏠 京都市左京区浄土寺上南田町91
🍴 和食
¥ 1人の料金目安／昼6000円、夜1万5000円
　※昼は別途サービス料3%、夜は5%
📱 予約がベター

日本料理 藤井

名だたる京料理店で修業を積み、[水円]の料理長を務めた藤井さんが、銀閣寺の近くに構えた店。コースの一品目として利尻産昆布と枕崎産本枯節で丁寧にとったダシが供され、その心に染みるような味におのずと次に運ばれてくる料理への期待が高まる。

🕐 11:30～13:30(LO)、17:00～20:00(LO)
休 水曜休　全席禁煙
子ども可　P 無

PRIVATE × NIGHT VIEW
NIHONRYOURI FUJII
移りゆく四季を五感で味わう大切な時間

モダンな雰囲気の個室からは坪庭が見える。8名まで入れる掘り炬燵席の座敷もあり

フランス料理の伝統を守りつつ京の四季や食文化を表現するのは、本店やパリで経験を積んだ田篭氏。「引き算の料理」を心掛け、見た目や香りなどから季節を感じるひと皿に仕上げる

レストランひらまつ 高台寺

全国にレストランやホテルを手掛ける[ひらまつ]の京都店。築110年の数寄屋造りの館にある個室は、美術品やフィン・ユールの家具を配した落ち着いた雰囲気。七代目小川治兵衛による美しい庭園や八坂の塔が眺められる。

営11:00〜13:00(LO)、17:30〜20:30(LO)　休月曜休(祝日の場合は翌日)　全席禁煙　子ども可　P有

・DATA・

●完全個室2室：テーブル席(2〜4名)×1
※利用料2万円、テーブル席(4〜10名)×1
※利用料3万円　◎共に完全予約制

レストランひらまつ こうだいじ

☎ 075・533・6063
京都市東山区高台寺桝屋町353
フランス料理
1人の料金目安／昼9500円、夜1万8000円
完全予約制

4Fにあるダイニングとは異なり、日本情緒を感じる個室。和と洋の融合が優雅な時間へと誘う

PRIVATE × NIGHT VIEW

RESTAURANT HIRAMATSU KODAIJI

歴史を感じる建物で本格フランス料理に舌鼓を打つ

PRIVATE × NIGHT VIEW
THE SODOH HIGASHIYAMA KYOTO
日本画家の元私邸でモダンな京イタリアンを

ライトアップされた庭や東山を望める個室には、床の間に竹内栖鳳の掛け軸が

· DATA ·

●完全個室3室：テーブル席（2～8名）×2、テーブル席（10～19名）×1
◎すべて利用料昼1万円、夜2万円※6800円（税込）or1万1000円（税込）のコース注文に限り利用可、予約がベター

ザ ソウドウ ヒガシヤマ キョウト
☎ 075・541・3331
🏠 京都市東山区八坂通下河原東入ル 八坂上町366
🍴 イタリアン
¥ 1人の料金目安／昼4000円、夜8000円 ※別途サービス料10%
📱 予約がベター

THE SODOH HIGASHIYAMA KYOTO

　八坂の塔のそばに広がる1700坪の空間は、近代日本画の先駆者・竹内栖鳳の美意識が宿った元邸宅。東山の夜の幻想的な景色や庭園、新鮮な京都の食材や日本の季節感を取り入れたイタリアンを味わいながら、ここでしか体験できない非日常の時間を過ごして。

営 11:00～14:30（LO）、17:30～21:00（LO） 土・日曜、祝日17:30～21:00（LO）
休 不定休　全席禁煙　子ども可
P 無

クラシカルなイタリアンに時代性を融合させた料理を堪能できる。今夏より一新された全7品のコース6800円（税込）がおすすめ。スペシャリテはフォアグラを使った最中

個室のある BAR
With bar

落ち着いた空間で飲みなおす、そんな時にも個室のある店が活躍。自慢の料理も味わいたい。

・DATA・
- ●完全個室1室：ソファ席(2〜8名)×1
- ◎テーブルチャージ料1人2500円(税込)、完全予約制

レクラ
- ☎ 075・222・1256
- 🏠 京都市中京区竹屋町通衣棚東入ル相生町281
- 🍴 洋食&ワインバー
- ¥ 1人分の料金目安／5000円
- 📱 予約がベター

21時からの特別なスペースをリザーブ

L'éclat

御所南にあるフレンチ[MOTOI]の姉妹店。21時からのバータイムのみ利用可能な完全個室は、ローテーブルとソファが配され、心落ち着く雰囲気だ。地下にワインセラーがあり、フランス中心に世界各国のワインが揃う。バーでも充実したフードがオーダー可能。

- ⏰ 21:00〜翌2:00(フードLO／翌1:00、ドリンクLO／翌1:30)※レストラン17:00〜21:00(LO)
- 休 日曜休※レストランは月曜休(祝日の場合は翌日)
- 全席禁煙 子ども可(12歳以上に限る)
- P 無

グラスワイン787円〜。幻の生ハムと言われるクラテッロ ディジベッロ1388円など、アラカルトも楽しめる

季節の美味が登場する料理はアラカルトでのオーダーも可。あさつゆ(グラス)80ml 1200円、ai 藍(グラス)80ml 3900円など

至高のワインをエレガントな空間で

KENZO ESTATE WINERY 祇園店

日本人オーナー辻本憲三さんが手掛け、カリフォルニア、ナパ・ヴァレーで注目を集めるワイナリー[ケンゾー エステイト]の直営店。祇園にあるこちらでは料理にワインを合わせたペアリングセットが用意され、それぞれの個性を堪能できる。ワインを引き立てる料理も格別。

- ⏰ 12:00〜翌2:00(LO／翌1:30)、日曜・祝日〜23:00(LO／22:30)※レストラン17:00〜23:00(LO／22:30)
- 休 無休 全席禁煙 子ども不可
- P 無

・DATA・
- ●完全個室1室：テーブル席(4〜8名)×1
- ◎利用料5000円、予約がベター

ケンゾー エステイト ワイナリー ぎおんてん
- ☎ 075・533・1215
- 🏠 京都市東山区祇園町北側254-4-28
- 🍴 ワインバー&レストラン
- ¥ 1人の料金目安／5000円 ※別途サービス料10%
- 📱 予約がベター

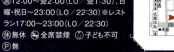

028

・DATA・

●完全個室1室:テーブル席(2〜6名)×1 ◎利用料無、予約がベター

アポテカ
☎ 075・253・0770
🏠 京都市中京区蛸薬師通麩屋町西入ル油屋町145 洋燈館4F
🍴 バー
¥ 1人の料金目安／3500円
※チャージ1人500円
📱 予約がベター

APOTHECA

ギリシャ語で「薬を扱う店、倉庫」という名のバー。その名の通り、薬棚を模した引出し付きのバックバーには、ボトルやハーブを漬け込んだ薬草酒が並ぶ。「自宅で叶わない、何か一つエッセンスを加えたものを」と、素材を組み合わせて作るカクテルは、口に含むと未知の味わい。

営 15:00〜翌3:00　休 不定休(月2〜3回)　禁煙席無　子ども可(個室利用に限る)　P無

果物やハーブを駆使した薬酒など1430円(税込)〜。PANACEAは1430円(税込)は、2019年のカクテルの大会でトップ20に輝いたカクテル

看板のない隠れ家めいた一軒

祇園を流れる白川沿いの特等席

BAR 志庵

マンション奥へ、重いドアの向こうに広がる異空間はまるで大人の隠れ家。バックバーにずらりと並ぶ国産ウイスキーの雄「山崎」、日替わりのメニューにはフレッシュフルーツカクテルが常時20〜30種類揃う。手間と思いがこもったフードも秀逸。さまざまなシーンで重宝しそう。

営 18:00〜翌3:00　休 無休
禁煙席無　子ども可　P無

・DATA・

●完全個室1室:ソファ席(2〜10名)×1 ◎利用料2000円、予約がベター

バー しおん
☎ 075・212・1090
🏠 京都市中京区三条通烏丸西入ル御倉町68-1 プリオール烏丸三条1F奥
🍴 バー
¥ 1人の料金目安／2500円
※別途サービス料10%
📱 予約がベター

京の風情を感じるロケーション。白川を眺められる大きな窓と室内を仕切る扉はガラスのため、個室と言えどもオープンな雰囲気。カクテルは1000円〜

Bar Le Peu 祇園

落ち着いた大人の佇まいと、窓からの白川の眺めはまさに贅沢。イタリアンで技を磨いたシェフによる料理とワインで、深夜までディナーを楽しむこともできる。豊富に揃えられた洋酒、ワインセラーも400本以上のストックもあり、美食家たちを満足させる。

営 19:00〜翌4:00　日曜、祝日20:00〜翌1:00　休 無休　禁煙席無
子ども不可　P無

・DATA・

●半個室1室:テーブル席(4〜20名)×1
※襖の仕切りで2室に
◎利用料1名1500円、当日対応可

バール プー ぎおん
☎ 075・532・1718
🏠 京都市東山区末吉町通切り通し西入ル末吉町80-1 1F
🍴 バー
¥ 1人の料金目安／4000円
※チャージ1人1000円
(窓際席は2時間ごとに1500円)、別途サービス料10%
📱 予約がベター

北海道十勝のマッシュルームのフレッシュサラダ750円は、珍しい生キノコのサラダ。巨峰のスペシャルマティーニ1350円など

大人のサンクチュアリー本物のカクテルがここに

GION AREA

祇園

観光客で賑わう街、祇園。大事な集まりの時は喧騒を抜け、大人好みのお店へ。特別感を演出しておもてなし上級者を目指そう。

・DATA・
- ●完全個室1室：テーブル席（2～6名）×1
- ◎利用料無、完全予約制

ぎおん245
- ☎ 075・533・8245
- 京都市東山区新門前通花見小路東入ル中之町245-1
- イタリアン
- 1人の料金目安／昼8000円、夜1万7000円
  ※別途サービス料10％
- 完全予約制

祇園245

惜しまれつつ閉店した京野菜イタリアンの名店で腕を振るった吉岡正和シェフが、2011年に開店させたリストランテ。素材ありきの伝統的な手法と、その後のヨーロッパ修業で学んだ前衛的な発想をミックスさせた、モダンイタリアンを提供する。昼夜ともコースのみ。

12:00～13:30（最終入店）、18:00～20:30（最終入店） 火曜休
全席禁煙 子ども可（6歳以上に限る）
P無

PRITE × GION
GION245
ひと皿目から驚くクリエイティブの極み

in Gion area

個室はカウンター席の奥にあり、坪庭が見える。グループ利用には、こちらがおすすめ

夜のコース1万500円より。五感が自然の中にいると錯覚してしまいそうな演出のメイン料理や、アート作品のような色彩のデザートなど、ひと皿ずつに感嘆する

PRIVATE ROOM

祇園×個室

PRIVATE × GION
SHINMONZEN YONEMURA
シェフの夢が詰まった
最終章がスタート

2Fは4人掛けのテーブルが2卓あるプライベート空間。個室として貸し切りが可能

新門前に暖簾を掲げる。ディナー1万8000円は、カルパッチョ、7種が楽しめるデセールなど季節ごとに姿を変え提供される。フレンチをベースに和を取り入れた斬新な料理は健在。昼夜共にコースのみ

PRIVATE ROOM

祇園×個室

＼ 米村シェフが腕を振るう ／

・DATA・
●完全個室1室：テーブル席(4〜8名)×1
※料理提供に時間がかかる場合あり
◎利用料無、完全予約制

しんもんぜん よねむら
☎ 075·533·6699
🏠 京都市東山区新門前通花見小路東入ル梅本町255
🍴 創作料理
¥ 1人の料金目安／昼1万円、夜2万円
📱 完全予約制

新門前 米村

　ミシュランガイドに掲載された名店が、名前も新たに移転オープン。東京出店や幾度の移転を経験したオーナーシェフが「最後の店」と呼ぶにふさわしい演出で出迎える。8席のカウンターに座れば、自宅に招かれたような特別感に。個室はゆっくりと食事が楽しめる時に。

🕛 12:00〜14:00(LO)、17:30〜21:00(LO)　㊡ 火曜休　🚭 全席禁煙
👶 子ども不可　🅿 無

・DATA・

● 完全個室4室：テーブル席（2〜6名）×1、テーブル席（2〜4名）×1、テーブル席（8〜24名）×1、座敷（2〜40名）×1
● 半個室1室：テーブル席（6〜16名）×1
◎すべて利用料は飲食代の10％、完全予約制

ちゅうごくりょうり ぎをんたおてい
☎ 075・531・2357
🏠 京都市東山区祇園町南側570-120
🍴 中国料理
¥ 1人の料金目安／昼2500円、夜8000円
　※別途サービス料10％
📱 予約がベター

名物料理、豆板醤と甘酢がズワイガニの旨みを引き立てるかにのびりから5900円。舌がしびれる石焼麻婆豆腐1800円の他、金箔が輝くふわふわ卵の黄金のかに玉2029円も人気

中国料理 ぎをん桃庭

　伝統建築が並ぶ、花見小路通りにある中国料理店。贅沢な食材と京野菜を使った広東料理が自慢で、開業時からの看板メニュー・かにのびりからは、揚げたズワイガニを甘酸っぱいタレに絡めたクセになる味。谷崎潤一郎が愛した元お茶屋という建物も味わい深い。

🕐 11:30〜14:00（LO）、17:30〜21:00（LO）
休 月曜不定休　禁煙席有　子ども可　P 無

PRIVATE × GION

CHUGOKURYOURI GION TAOTEI

本格中国料理を文豪が通った元お茶屋で

個室それぞれの趣が違うのは、元お茶屋ならでは。写真は谷崎潤一郎が愛した、谷崎の間

PRIVATE × GION
GION BANSAN KYOSYOKU
酒肴三役を看板に人気店が祇園に進出

2Fの個室は、随所に銅があしらわれモダンな雰囲気。非日常空間を演出する照明が印象的

・DATA・

●完全個室2室：テーブル席（3〜4名）×1、
掘り炬燵席（5〜8名）×1
◎共に利用料無、予約がベター

ぎおん ばんさん きょうしょく
☎ 075・541・5523
🏠 京都市東山区大和大路通富永東入ル
　 末吉町95
🍴 居酒屋
¥ 1人の料金目安／6000円
　 予約がベター

祇園 晩餐 京色

　人気居酒屋[京色]グループの4店舗目。和食の代名詞、おでん、天ぷら、地鶏料理を主役に、旬の京野菜が脇を固める。誰からも愛されるメニューに加え、ガラス越しの中庭が情緒あるテーブル個室とリラックス感満載の掘り炬燵席は、接待や宴会にもぴったり。

🕐 18:00〜24:00（LO／23:30）
休 日曜休（月曜が祝日の場合は営業）
🚭 禁煙席無　子ども不可　Ｐ無

七谷赤地鶏の焼き鳥盛り合わせ1018円、天ぷら盛り合わせ1851円〜、おでん各種250円〜。料理と相性のよい日本酒、ワインも豊富に揃う

PRIVATE × GION

KYO APOLLO SHOKUDO MIYAGAWACHO

花街の真ん中で
ワンランク上の洋食を

京Apollo食堂 宮川町

京都五花街のひとつ宮川町に、[Apollo]の新店舗が登場。舞鶴港直送の魚介や京野菜だけでなく、A4〜5ランクの和牛や希少ブランド豚・富士幻豚など、こだわり食材で作る洋食が楽しめる。ワインやクラフトビールと、口福な時間を過ごして。

営 11:30〜15:00(LO／13:00)※金・土・日曜のみ
17:00〜23:00(LO／22:00) 休 火曜休
全席禁煙 子ども可 P 無

厳選されたA4〜5ランクの牛のみを使用したヒレカツサンド5800円。日替わりパスタは1800円〜。写真は車海老のクリームチーズソース

・DATA・

● 完全個室2室：テーブル席(6〜10名)×1、座敷(5〜8名)×1
◎ 共に利用料無、完全予約制

きょうアポロしょくどう みやがわちょう
☎ 075・741・6311
京都市東山区新宮川通松原下ル西御門町444
洋食
1人の料金目安／昼3000円、夜7000円
予約がベター

PRIVATE × GION

SHUSAI KUKUZEN

おしゃれな祇園接待に
グルメも大満足

・DATA・

● 完全個室3室：テーブル席(8〜10名)×1、テーブル席(3〜6名)×2
◎ コース注文に限り利用可、予約がベター

しゅさい くくぜん
☎ 075・551・9910
京都市東山区祇園町南側570-123
創作和食
1人の料金目安／6000円
予約がベター

酒菜 栩栩膳

京都の老舗料亭で腕を磨いた料理長が指揮を執る、アイデアたっぷりの創作料理が評判のダイニング。祇園町南側にありながら、フォアグラを使った高級なひと皿から、おばんざいまでをカジュアルに楽しめる。情緒たっぷりのロケーションは、接待でも喜ばれそう。

営 17:30〜翌1:00(LO) 休 不定休
禁煙席無 子ども可(12歳以上に限る)
P 無

8000円のコースから。黒毛和牛とフォアグラのミルフィーユ、甘鯛唐揚げかに味噌ソース、お造り(4種)など。コース5000円〜

PRIVATE × GION
KYOYA KIYOMIZU GIONSHINBASHI
気持ちを緩めて
京都風情を存分に満喫

フォーマルな食事会にもうって
つけの風格ある個室。床の間の
掛け軸や生け花に趣を感じる

・DATA・

● 完全個室1室：座敷(4〜8名)×1
◎ 利用料無、予約がベター

きょうや きよみず ぎをんしんばし
☎ 075・205・0055
🏠 京都市東山区新橋通花見小路東入ル
　2丁目橋本町416
🍴 居酒屋
¥ 1人の料金目安／4000円
📱 予約がベター

京家 きよみず 祇をん新橋

　祇園の中でも静かなエリアに佇む築150年の町家を改装した居酒屋。カジュアルなコンセプトながら、高級店にも負けない風情が楽しめる。メニューの中心は京都の素材を使った京おでんやおばんざい。特注の大鍋で炊く、しっかりとダシが染みた名物の京おでんは、全国の銘酒と好相性。

🕐 17:00〜23:30(LO／23:00)
🚫 日曜、祝日の月曜休　◎1Fカウンター席全席禁煙(喫煙スペース有)、2F座敷喫煙可
☺ 子ども可　Ⓟ無

旬の京野菜を使ったおばんざいが、毎日10種類以上ずらりと並ぶ。万願寺とうがらしや、賀茂なす、生麩や豆腐など、京都ならではの素材を活かした料理がスタンバイ

KAWARAMACHI AREA
河原町

昔も今も変わらず何でも揃う、京都の中心。食の流行に敏感なブロガーやインフルエンサーも舌を巻く話題の店が増加中。

PRIVATE × KAWARAMACHI
WAGYU STEAK HIRO
"弘"の新展開は待望のステーキハウス

間接照明の光が落ち着いた空気感を醸し出し、贅沢な気分をグッと高めてくれる

・DATA・

●完全個室2室：テーブル席(4〜6名)×2
◎共に利用料無、完全予約制

わぎゅうステーキ ひろ
☎ 075・257・0929
🏠 京都市中京区三条大橋西詰下ル 石屋町123 PONTONITE2F
🍴 ステーキ
¥ 1人の料金目安／昼3000円、夜7000円
📱 予約がベター

和牛ステーキ 弘

　京都の焼肉店と言えば、真っ先に名前が出る[京の焼肉処 弘]が、ステーキ店をオープン。通好みから定番まで約10種の希少部位を日替わりで提供したり、ひと口サイズの肉前菜5種がステーキについたりと、精肉店だからこそできる肉づくしに喜びもひとしおだ。

🕐 11:00〜14:00(LO／13:30)、17:00〜23:00(LO／22:30) 無休
🚭 全席禁煙 👶 子ども可 🅿 無

ディナータイムのステーキメニューには、すべて牛肉前菜5種盛がセットになっていて、自分好みの部位から選べるステーキ&牛肉前菜セットが2574円〜。締めにぴったりなガーリックライス926円など

PRIVATE × KAWARAMACHI
OBASE
味覚を尖らせて堪能したいイタリアン

清潔感のあるセンスの良い個室。大切な人とゆっくり過ごしたい時におすすめ

・DATA・
● 完全個室2室：テーブル席（4〜10名）
×2　◎共に利用料無、完全予約制

オバセ
☎ 075・211・6918
🏠 京都市中京区河原町通三条上ル
　　恵比須町534-39
🍴 イタリアン
¥ 1人の料金目安／昼5000円、夜1万円
📱 予約がベター

Obase

生産者の心がこもった食材を、柔軟な発想で最上のひと皿へと昇華させることに定評がある小長谷シェフ。名店での経験を活かし、必要であれば和の調味料を使う潔さで、さらなる高みを目指す。ハーブや野菜を匠に使い、器に映える盛り付けも、さすがのひと言。

🕐 12:00〜13:30（LO）、18:00〜21:30（LO）　水曜休、他不定休有
🚭 全席禁煙　子ども可（個室利用に限る）
Ⓟ 無

ディナーコース8000円〜。この日は黒毛和牛ヒウチの炭火焼きに、酢レンコンを添えて。雲子と九条ねぎのスパゲッティには和風ダシを絡めるなど、ジャンルレスで美味しさを追求

PRIVATE × KAWARAMACHI
FUYACHO UNENO
具材に負けない
ダシが主役の究極おでん

・DATA・

● 完全個室1室：テーブル席(4〜8名)×1
◎ 1人5000円以上の注文で利用可、予約がベター

ふやちょううねの
☎ 075・213・8080
🏠 京都市中京区麸屋町通押小路上ル尾張町225 第二ふや町ビル103
🍴 おでん
¥ 1人の料金目安／5000円
📱 予約がベター

麸屋町うね乃

　白木のカウンターやミニマルなインテリアが好印象の、ダシの老舗[うね乃]が営むおでん専門店。2種類のダシを使い分け、旨みだけでなく馥郁とした香りまで具材に染み込ませる技術はさすが。イタリアン出身の料理長が作る、新しいおでん種にも注目したい。

⏰ 17:30〜23:00(LO／22:00) 休 火曜休
🚭 全席禁煙 子ども可(要相談) P 無

カウンターメインの店内に、秘密の小部屋のように存在する個室。4名以上揃えば利用可

おでん350円〜。具材は日替わりで20種類ほど用意される。ダシの旨みをたっぷりと染み込んだタコや大根は、とてもやわらかい。飲み干したくなるほど美味しいダシにも満足

PRIVATE × KAWARAMACHI
KYONOSAKANA KATSUGI
京都の真ん中で
気楽に本格和食を堪能

シンプルモダンな個室は、最大20名までの宴会が可能。駅近で集まりやすい好立地

・DATA・
● 完全個室5室：テーブル席(2〜4名)×5
◎すべて利用料無、当日対応可

きょうのさかな かつぎ
☎ 075・746・5735
🏠 京都市中京区四条通木屋町上ル
　 鍋屋町217 弥栄ビル2F
🍴 割烹
¥ 1人の料金目安／昼3500円、夜5500円
　 ※アラカルト注文の場合はチャージ必要
📱 昼は完全予約制、夜は予約がベター

京の魚 擔 KATSUGI

木屋町四条というアクセス抜群の場所にある割烹。繁華街とは思えない落ち着いた雰囲気の中、伝統的な茶懐石に遊び心をプラスした日本料理を提供している。魚料理にこだわり天然魚や珍しい魚を、お造り・煮物・天ぷらなどのバリエーションで客を楽しませている。

営 12:00〜13:30(LO)、17:00〜23:00(コースLO／21:00、LO／22:00) 休 月曜休 禁煙席有
子ども可(要相談) P 無

夜のコースは4500円、6500円、8500円があり、予算は相談可能。いろいろなものを少しずつ盛った八寸には、京都らしい生麩も。全体を通して旬魚をたっぷり楽しめる献立になっている

PRIVATE × KAWARAMACHI
KAPPO ROKO
個室や川床など
四季折々訪れたい一軒

・DATA・

● 完全個室2室：掘り炬燵席（2〜4名）×1、掘り炬燵席（2〜12名）×1
◎ 共に利用料無、予約がベター

かっぽう ろこ
☎ 075・212・0297
🏠 京都市中京区木屋町通御池上ル
上樵木町491-6
🍴 割烹
¥ 1人の料金目安／昼2000円、夜6000円
※夜は別途サービス料5％
📱 予約がベター

割烹 露瑚

路地奥に佇む築120年の元旅館を改装した割烹。鴨川越しに東山連峰を望む最高のロケーションで、夏には川床で本格的な京料理が楽しめる。個室は元茶室など2部屋あり、どちらもプライベート感たっぷり。食後には2Fにあるバーで、さらに寛ぎの時間が過ごせる。

🕘 11:30〜14:30、17:00〜21:30※バー19:00〜24:00　休 不定休　🚭 禁煙席有
👶 子ども不可　Ｐ 無

おまかせ会席7000円から一例は、焼鯖寿司も付く八寸、ノドグロの煮付け、土瓶蒸し。コースだけではなく、アラカルトのオーダーも可能

PRIVATE × KAWARAMACHI
BISTRO SUMIRE CHINESE
京の風情を感じながら
香港式釜焼き料理を

コースの他、アラカルトの注文もOK。カジュアルに利用できるのが魅力。鴨川や東山を見渡せるロケーション抜群の個室はプライベート感満載

・DATA・

● 完全個室2室：テーブル席（2〜4名）×1、テーブル席（8〜20名）×1
◎ 共に利用料1人500円（コース注文に限る）、完全予約制

ビストロ スミレ チャイニーズ
☎ 075・342・2208
🏠 京都市下京区木屋町通団栗橋下ル
斎藤町138
🍴 中華
¥ 1人の料金目安／6000円
📱 予約がベター

ビストロ スミレ チャイニーズ

王道中華の枠にとらわれない素材重視の釜焼き料理が堪能できるこちら。スペシャリテは、イベリコ豚を使用したチャーシューと焼肉（シュウヨ）が味わえる香港式釜焼きのペアセット1400円。焼肉はなかなかお目にかかれない一品なので食べに行く価値あり。

🕘 17:00〜23:00（LO／22:00）
休 月曜、第2・4火曜休　🚭 全席禁煙（個室のみ喫煙可）
👶 子ども可（6歳以上に限る）　Ｐ 無

PRIVATE × KAWARAMACHI
SOUFUDO USHINOHONE
先斗町の町家でおしゃれに和食を堪能

・DATA・

- 完全個室4室：テーブル席（2〜4名）×1、テーブル席（4〜8名）×1、テーブル席（5〜10名）×1、テーブル席（10〜16名）×1
- ◎すべて利用料無、完全予約制

そうふうど うしのほね

☎ 075-212-8224
🏠 京都市中京区先斗町通三条下ル橋下町136
🍴 和食
¥ 1人の料金目安／5000円
📱 予約がベター

PRIVATE ROOM

河原町×個室

草風土 うしのほね

モダンなスタイルで、正統派の味を伝える和食店。名物は、自然栽培で育てた京丹後の野菜料理で、素材の持ち味を活かしたサラダやいろ蒸し、鉄板焼が好評だ。しば漬けや白味噌を加えたメニューもあり、京都らしさを満喫できる。夏はテーブル席の川床が人気

🕐 17:00〜24:00（LO／23:30）　休 無休
🚭 全席禁煙（喫煙スペース有）　子ども可　P 無

観光客に人気の先斗町エリア。個室でのもてなしは、府外からの来客に喜ばれそう

和と洋が重なり合う妙を味わいたい、和牛 スネ肉の白ワイン煮込み 白味噌のソース1388円。漁港から直接届く鮮魚のお造り盛り合わせ1人前1388円〜（写真は4人前）

西洋の街角みたいな外観も素敵。ワインゼリー1000円（税込）は、滋賀県産の白ワインを使用。口溶けがよく、やわらかい印象

文化人たちが愛したサロン空間

・DATA・
・おすすめメニュー
レアチーズケーキ650円（税込）、ブランデー入りコーヒー1500円（税込）、ウイスキー（オールドバー）1500円（税込）

フランソアきっさしつ
☎ 075・351・4042
🏠 京都市下京区西木屋町通四条下ル船頭町184
🍴 喫茶店
¥ 1人の料金目安／1500円
📱 予約不可

フランソア喫茶室

1934年創業、国の登録有形文化財にも指定されている、京都の喫茶を語るうえで外すことのできない一軒。2019年春、10年ぶりに復活した人気のメニューがワインゼリー。ほろ酔いになりそうなほど、しっかりワインの利いたゼリーは、夜ごはんの後のデザートにもぴったり。

🕙 10:00〜22:30（LO／22:00）
休 無休　全席禁煙
😊 子ども可（6歳以上に限る）P 無

二軒目は酒×スイーツ

With sweets

個室のあるお店で食事を満喫したら大人が喜ぶ甘い誘惑へ。お酒との相性も抜群のデザートで締めるという選択もあり。

DATA

・おすすめメニュー
タルトタタン&バニラアイスクリーム1000円(税込)、グラスワイン900円(税込)〜、ボトルワイン5000円(税込)〜

リル

☎ 090・9219・1360
🏠 京都市中京区先斗町通四条上ル松本町161 先斗町ウエノ会館2F
🍴 ワインバー
¥ 1人の料金目安／3000円
※チャージ1人300円
📱 予約がベター

Lilou

夜中に食べる甘いものは、ちょっぴり後ろめたさも感じつつ、でもやっぱり幸せ。[神戸北野ホテル]でシェフパティシエとして活躍した店主が腕を振るうとあり、こちらで味わえるスイーツはどれも本格的。こだわりの自然派ワインが豊富に揃えられているのも嬉しい。

営 18:00〜翌2:00(LO／翌1:00)
休 月曜休　全席禁煙
子ども不可　P 無

大人だけの特権、魅惑のスイーツ

シーズンによって内容の替わる季節のパフェ1500円(税込)。写真はいちごバナナのパフェ。ワインとも好相性。デザートのみの注文は不可

cafe/bar NORD°

店主の地元、北海道の食材を中心に使用した料理やデザート、お酒が楽しめる。粉雪が降り積もったような白いラザニアなど、イタリアでの修業経験を持つ店主のアイデアには脱帽。食事の後はワインとパフェで夜のデザートタイムを、心ゆくまで堪能して欲しい。

営 15:00〜24:00　休 火曜休
全席禁煙　子ども可(夜は要相談)
P 無

DATA

・おすすめメニュー
濃厚NYチーズケーキ592円、スパークリングカクテル833円、グラスワイン601円〜

カフェバー ノード

☎ 075・744・1271
🏠 京都市下京区河原町通四条下ル東入ル市之町239-1 招徳ビル3F
🍴 カフェバー
¥ 1人の料金目安／3000円
📱 予約がベター

旬の果物がのった季節のフルーツパフェ1277円、とろ〜り生キャラメルパフェ1185円。十勝の工房で作られるジェラートを使用

北海道の美味しい恵みをたっぷり

店主の友人でもあるフレンチのシェフ兼パティシエが作るチョコレート648円などのスイーツにはデザートワインや赤ワインが相性抜群だとか

路地奥にある素敵なワインバー

LES COEURS

細い路地を進んだ先にある一軒家。築100年以上という家屋を改装した空間には、アートな内装が施されていて、女性一人でも気軽に利用できる。オーナーソムリエが世界各国より選りすぐったワインが常時13種類以上楽しめる。毎月開催されるワインセミナーも人気。

営 17:00〜24:00(LO／23:30)
休 木曜休　全席禁煙
子ども可　P 無

DATA

・おすすめメニュー
マカロン509円、グラスワイン740円〜、ワインカクテル740円〜

レ クール

☎ 075・708・2633
🏠 京都市下京区高辻通東洞院東入ル三軒町554
🍴 ワインバー
¥ 1人の料金目安／3000円
📱 予約不要

※「二軒目は酒×スイーツ」で紹介しているお店には個室はありません。予めご了承ください。

PRIVATE × KARASUMA
TRATTORIA MIYAKO
風情ある空間で
シャンパンディナーを

KARASUMA AREA

烏丸

京都経済をリードする
オフィス街には、
大人を満足させる店がたくさん集まる。
仕事仲間や友人と
グッドセンスな宴会を楽しもう。

in Karasuma area

梁が迫る天井が、隠れ家的お籠り感を演出。窓から見下ろす外の景色の開放感と対象的

まるごと1尾使った超特大オマール海老フライ1200円、フリット贅沢盛2750円。そのままでも、しば漬けとらっきょうのタルタルや特製山椒塩なども好相性

PRIVATE ROOM

烏丸×個室

TRATTORIA MIYAKO

　落ち着いた町家で、シャンパンやCAVA、発泡日本酒などをグラスで飲めるバル。相棒には20種類以上のフリットや、ポトフとおでんから発想を得た「ポデン」など、多彩な一品がスタンバイ。泡が導くワンランク上の日常を味わって。グラスシャンパン1300円〜。

・DATA・

● 完全個室1室：掘り炬燵席（4〜8名）×1　◎利用料無、完全予約制

トラットリア ミヤコ
☎ 075・353・0385
🏠 京都市下京区高倉通四条下ル高材木町221-4
🍴 町家イタリアン
¥ 1人の料金目安／昼2000円、夜5000円
※チャージ1人300円
📱 予約がベター

営 12:00〜14:30、17:30〜23:30（LO／23:00）　休 日曜休　全席禁煙
子ども可　P無

PRIVATE × KARASUMA
FELIZ MALTO
お酒と合わせて味噌の新境地を開拓

障子で仕切られた個室が2部屋。靴を脱いで寛げるので、気が置けない仲間との集まりにも

・DATA・

● 完全個室3室：テーブル席（3〜4名）×1、テーブル席（6〜10名）×2
◎ すべて利用料無、予約がベター

フェリス まると

☎ 075・354・1001
🏠 京都市下京区高倉通仏光寺上ル西前町377-1
🍴 和食
¥ 1人の料金目安／昼5500円、夜7500円
📱 予約がベター

Feliz 團斗 malto

大正時代から美しく残る町家を、味噌と日本酒の専門店にリノベーション。料理は和食が中心で、全国の味噌を使ってアレンジを加えたり、八丁味噌のガトーショコラなど変化球があったりと、味噌の新しい魅力に出合える。希少な日本酒のラインナップも嬉しい。

🕐 12:00〜15:00(LO／14:30)、17:00〜23:00(LO／22:30)　休 月曜休(祝日の場合は翌日)　禁煙席有
😊 子ども可(要相談)　P 無

味噌の食べ比べや、好みの味噌で調理してもらえるメニューもある。本日の「選んで頂ける御味噌料理」から、明石産天然鯛のあら炊き1650円。他、7品4000円〜のコースも好評

PRIVATE × KARASUMA

KAGAYAKITEI

モダンな店内に
大小の個室が6部屋

4〜16名までの個室と、50名までの宴会が可能な部屋もあり、どんなシーンにもぴったり

・DATA・

●完全個室9室:テーブル席(6〜12名)×1、テーブル席(4〜8名)×2、テーブル席(6〜14名)×1、テーブル席(2〜4名)×4、座敷(6〜42名)×1 ●半個室1室:テーブル席(4〜16名)×1 ◎すべて利用料無、予約がベター

かがやきてい
☎ 075・253・1799
🏠 京都市下京区烏丸通四条下ル水銀屋町612 四条烏丸ビルB1F
🍴 和食
💴 1人の料金目安／昼1200円、夜4000円
📱 予約がベター

輝庭

京都経済の中心地、四条烏丸交差点にある和食ダイニング。新鮮な魚介や美しい盛り付け、おばんざいなどの料理に限らず人気なのが、全部で6つある個室。センスのよい調度品が配置され、界隈で働くビジネスマンのもてなしの場として重宝されている。

⏰ 11:00〜14:30(LO／14:00)、17:00〜23:00(LO／22:00)※金・土曜・祝前日 17:00〜24:00(LO／23:00) 休 不定休
🚭 全席禁煙(喫煙スペース有)
😊 子ども可 Ⓟ 無

産地直送や厳選して仕入れた魚介は、マストオーダー。鮮魚7種の豪快な盛合せ1780円。京都や全国各地から取り揃えた銘酒780円〜と一緒に楽しもう

・DATA・

● 完全個室2室：テーブル席（6〜10名）×1、テーブル席（8〜12名）×1 ※2室繋げて20名まで対応可能
● 半個室1室：テーブル席（4〜6名）×1
◎すべて利用料無、完全予約制

クチーナ ナトゥラーレ エッフェ
☎ 075・708・6978
🏠 京都市下京区新町通高辻上ル
　　岩戸山町432
🍴 イタリアン
¥ 1人の料金目安／昼3500円、夜7000円
📱 予約がベター

cucina Naturale F

米粉を使用したパンや、オーガニック食材を使った健康的なイタリア料理を提案する藤松シェフ。前菜だけで15種類、コース全体では30種類の野菜を使用し、最後のデザートまで卵・乳製品・小麦粉は不使用とか。ギルトフリーな食後感に、大満足間違いなし。

⏰11:30〜14:30（LO／13:30）、17:30〜21:30（LO／20:00） 休火曜休（祝日の場合は営業）、他不定休有　全席禁煙　子ども可（6歳以上、大人と同じ料理オーダーに限る）　P無

PRIVATE × KARASUMA

CUCINA NATURALE F

和を感じる空間で
体が喜ぶイタリア料理を

築100年以上という町家。畳にテーブルを配した和モダンな個室は、落ち着いた空気が漂う

料理は昼夜ともにコースのみ。全7品のランチコース3200円から、ある日のメイン料理。アマダイのうろこ焼きに、たっぷりと野菜を添えて。野菜のみのコースもあり

PRIVATE × KARASUMA
KEMURI
京町家で出合う
酒と燻製の深い関係

落ち着いた照明の2Fの個室。ベンチシートの掘り炬燵席は、小さな子ども連れにも好評

まずは燻製おまかせ三種盛り972円をオーダーし、香りや風味を堪能。次に、定番から変わり種まで、豊富なリストから選択するのがおすすめ。燻製ホタテと九条葱のヌタ仕立て722円など

・DATA・

● 完全個室3室：テーブル席（2〜6名）×2、テーブル席（2〜10名）×1
◎ すべて利用料無、予約がベター

けむり
☎ 075・361・6664
🏠 京都市下京区綾小路通室町西入ル善長寺町128
🍴 燻製・炭火焼料理
¥ 1人の料金目安／5000円
📱 予約がベター

燻

　町家から漏れる灯りや、ふんわり漂うスモークの香り。店前で思わず足が止まるこちらは、ウイスキーやワイン、日本酒に合わせて自家製の燻製料理が楽しめる一軒。魚介やチーズ、湯葉や餃子など馴染みの食材も、燻すことで美味しさが倍増。お酒もすすむはず！

🕐 17:00〜23:00（LO／22:30）
休 日曜休　禁煙席無　子ども可　P 無

PRIVATE × KARASUMA
TAKARADO 〜KARASUMA〜
上下が別空間の
町家居酒屋ダイニング

個室のある2Fではすき焼きやもつ鍋などコースが中心。1Fの人気メニューやみつきアボカド450円など、お酒に合う一品もオーダー可

宝堂 〜KARASUMA〜

裸電球に和む1Fは、ちょい飲みやおひとり様にぴったりの大衆居酒屋風。2Fは、版画作家の壁画が印象的なモダンなダイニングで、シチュエーションによって使い分けができる。元蔵の個室には中華店のような円形テーブルがあり、10名でもひとつになって楽しめる。

営 17:00〜24:00（フードLO／23:00、ドリンクLO／23:30）休 不定休 全席禁煙（完全個室のみ電子タバコは喫煙可）子ども可 P 無

・DATA・

● 完全個室1室：テーブル席（6〜10名）×1 ◎ 予約の場合のみ利用料1人300円、予約がベター

たからどう カラスマ
☎ 075・352・5511
京都市下京区綾小路通新町東入ル四条町369-4
居酒屋
1人の料金目安／3500円
予約不要

PRIVATE × KARASUMA
KYOTO IKKAKUJU
個室で楽しむ
お好み焼きで大宴会

・DATA・

● 完全個室1室：座敷（6〜15名）×1 ◎ 利用料無、完全予約制

きょうと いっかくじゅう
しじょうしんまちてん
☎ 075・708・5536
京都市中京区新町通錦小路下ル小結棚町435 ジェイ・プライド四条烏丸1F
鉄板焼・お好み焼き
1人の料金目安／昼500円、夜3500円
予約がベター

京都いっかくじゅう 四条新町店

米粉や粘り気の強いつくね芋を使ったお好み焼きと、もっちり生太麺の焼きそばが名物。コースは4000円〜予算に合わせて注文でき、飲み放題もあるから会社帰りの宴会におすすめ。15名まで入れる個室の座敷は、足を伸ばしてゆっくりできる空間なのが嬉しい。

営 モーニング6:00〜11:00、ランチ11:30〜14:00、ディナー17:00〜翌2:00（最終入店／翌1:00）休 無休 全席禁煙 子ども可 P 無

生地に使う粉や鰹だし、混ぜ方や焼き方、すべてにこだわりが詰まった至極の一枚、豚玉750円。焼き野菜盛り合せ980円、グラスワイン750円〜

PRIVATE × KARASUMA

KAITOSAKE SHUTEI MICHIYA

海鮮も日本酒も
津々浦々の名産を堪能

・DATA・
● 完全個室2室：テーブル席（4〜6名）×2
◎ 共に昼は2000円以上のコース、夜は6000円以上のコース注文で利用可、完全予約制

かいとさけ しゅてい みちや
☎ 075・744・1577
🏠 京都市中京区両替町通二条下ル金吹町478
🍴 居酒屋
¥ 1人の料金目安／昼800円、夜3000円
📱 予約がベター

貝と酒 酒亭 道や

キッチン一面に飾られた銘酒のラベルを見れば、ここに全国の美味しい日本酒が集まっているのは一目瞭然。酒の肴に貝を中心とした珍しい海鮮料理が揃うとあって、日本酒ラバーがこぞって訪れる。1人客から団体まで、近隣ワーカーの憩いの場的存在になっている。

🕐 11:30〜22:00（LO／21:30）
日曜11:30〜15:00 休月曜不定休
🚭 全席禁煙（喫煙スペース有） 子ども可 Ⓟ無

築100年以上の町家をモダンに改装。寛げる雰囲気は親しい友人や子ども連れ飲み会にも最適

牡蠣やハマグリ、アワビなど仕入れによって内容が変わる、個室限定の貝のカンカン蒸しコース6000円。個室内に設置された冷蔵庫に揃うお酒はすべてセルフサービスで飲み放題

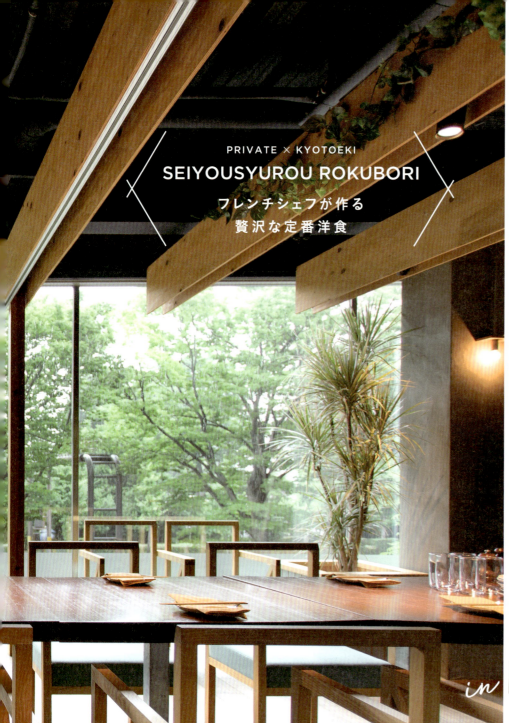

KYOTOEKI AREA

京都駅

アクセスの良さはナンバーワン。家族連れや多人数、どんなシチュエーションにも対応可能で、ジャンルも幅広い。グルメな人も納得の、京都駅周辺に注目。

in Kyotoeki area

PRIVATE × KYOTOEKI

SEIYOUSYUROU ROKUBORI

フレンチシェフが作る贅沢な定番洋食

2Fの個室は4〜50名に対応でき、ドリンクビュッフェ付きの大皿洋食コース6000円で利用可能

054

丹波牛と鹿児島の黒豚を贅沢に使った、六堀特選ハンバーグ定食1800円。名物洋食メニューを少しずつ味わえる、大人のお子様ランチ2890円もおすすめ(共にランチ)

PRIVATE ROOM
京都駅×個室

・DATA・

●完全個室1室:テーブル席(4〜50名)×1※仕切りで4室に
◎6000円以上(ドリンク込み)のコース注文で利用可、完全予約制

せいようしゅろう ろくぼり
☎ 075・354・8117
🏠 京都市下京区堀川通六条下ル元日町5
🍴 洋食
¥ 1人の料金目安/昼2500円、夜4500円
📱 予約がベター

西洋酒樓 六堀

フレンチ出身のシェフが腕を振るう洋食店。昼はリッチな食材を使ったハンバーグや生姜焼きなどを定食で提供し、夜は前菜、パスタ、アラカルトなど、ゆっくりとワインを傾けたい顔ぶれが登場する。実は自家製スイーツも好評で、カフェとしても利用可能。

営11:30〜22:30(LO/20:30)※ランチ〜15:00(LO/14:00)、ディナー18:00〜
休水曜、第2・4木曜休 全席禁煙
子ども可 P9台

・DATA・

● 半個室1室：テーブル席（6〜10名）×1
◎ 利用料無、予約がベター

クラフトハウス キョウト
☎ 075・708・8200
🏠 京都市下京区大宮町211
🍴 ビアパブ
💰 1人の料金目安／昼1000円、夜3500円
📱 予約がベター

CRAFTHOUSE KYOTO

人気ビアパブ[TAKUMIYA]の3店舗目が誕生。これまでと同様クラフトビールを中心に、それに合わせた料理をラインナップする。今回は、昼営業、ランチメニュー、エスプレッソを用意。築100年の町家をリノベした50席以上の大バコなど、初モノづくし。

🕐 11:00〜24:00（LO／23:30）
休 無休　🚭 全席禁煙（喫煙スペース有）
😊 子ども可　🅿 無

PRIVATE × KYOTOEKI
CRAFTHOUSE KYOTO
気鋭人気店が仕掛ける
昼飲み族の新天地

一軒家を改装した店は、テラス席にカウンター、テーブル席、個室までありパーフェクト

フレンチ出身のシェフが作る料理をつまみに。パンやオーガニック野菜が添えられたランチは16時までオーダー可。常時12種が揃う日本のクラフトビールは（S）694円〜

PRIVATE × KYOTOEKI
KYOTO HYOTO
"出汁しゃぶ"を
モダンな店内で堪能する

・DATA・

●完全個室8室：テーブル席（2〜14名）×8 ※繋げて36名まで対応可能、利用料は飲食代の10％ ●半個室5室：掘り炬燵席（2〜6名）×5 ※利用料無
◎すべて予約がベター

きょうと ひょうと きょうとえきまえほんてん
☎ 075・342・2338
🏠 京都市下京区西洞院通七条下ル東塩小路町607-12
🍴 和食
¥ 1人の料金目安／昼2500円、夜5000円
📱 予約がベター

京都 瓢斗 京都駅前本店

　薄くスライスした肉や野菜をしゃぶしゃぶにし、特製"つけだし"で食べる出汁しゃぶが名物。昆布や鰹の風味と、白ねぎや柚子胡椒の薬味が肉を包み込み、頬張る時に旨みが沸点に。落ち着いた店内は、顔合わせや接待にもぴったり。

🕐 11:30〜15:00、17:30〜22:00 金・土曜・祝前日11:30〜15:00、17:30〜22:30 休 無休
🚭 全席禁煙（喫煙スペース有）😊 子ども可（夜は12歳以上に限る）Ⓟ 無

シンプルでモダンな店内。ガラスが使われた個室スペースは、開放感も感じられる

牛肉は近江牛、豚肉は京都ぽーくを使用。京都ぽーくは優れた旨みとしっかりした肉質が特徴。出汁しゃぶコース2700円〜

・DATA・

● 完全個室3室：テーブル席(2〜4名)×1、掘り炬燵席(2〜6名)×1、掘り炬燵席(4〜14名)×1
◎ 7000円以上のコース注文で利用料無、7000円未満のコース注文の場合は別途1人1000円必要、前日までの完全予約制

きょうごちそう いしまる
☎ 075・343・0140
🏠 京都市下京区七条通堀川東入ル大黒町221
🍴 和食
¥ 1人の料金目安／昼2500円、夜7000円
📱 予約がベター

京ごちそう いしまる

　京都で三代続く日本料理店の主人が、和食をたくさんの人に楽しんで欲しいと始めた一軒。信頼のおける若い世代に料理長を任せて、伝統的な味や技に、新しいエッセンスを加えた料理を提供している。京都の地酒や主人が溺愛する秋田の酒と共に堪能して。

🕛 12:00〜14:00※完全予約制、17:30〜21:30(LO／20:00)　休 月曜休
🚭 全席禁煙(喫煙スペース有)
😊 子ども可(要相談)　P 無

京都の有名店で修業を積んだ料理長が作る、美しい和食。伝統の中に、新しい風を感じる。夜はコースのみ5000円〜。写真は1万円のコースから八寸と椀物

掘り炬燵席の和室はフォーマルな会食にもおすすめ。テーブル席の個室は少人数の宴会などに

PRIVATE × KYOTOEKI
KYOGOCHISOU ISHIMARU
正統派の日本料理を
心落ち着く和の設えで

PRIVATE × KYOTOEKI
TSUMUGU
全国の旨いもんが一堂に会した居酒屋

・DATA・

● 完全個室5室：掘り炬燵席(2名)×1、掘り炬燵席(〜4名)×2、掘り炬燵席(〜6名)×2 ※最小人数は要確認
◎すべて利用料無、予約がベター

つむぐ
☎ 075・662・2266
🏠 京都市南区東九条北烏丸町12
🍴 居酒屋
¥ 1人の料金目安／4500円
□ 予約不要

紡空

日本全国を行脚し、見つけた旨いものを生産者から直接仕入れて食べさせてくれる店。なかでも、三陸産のマグロと熊本産の馬肉は自慢の一品で、刺身だけでなく焼きや煮付けでも味わえる。他にも、作り手との繋がりを活かした希少な魚介も多数揃う。

営 17:00〜翌1:00 (LO／24:30)
休 不定休 禁煙席有
子ども可 P 無

熊本から届く赤身、フタエゴ、タテガミの馬刺し3種盛り980円。赤身に弾力があり、特に美味しいと評判の三陸産の鮪盛り合わせ1800円。それぞれの土地のお酒と一緒に

人数に合わせた個室が5部屋。京都駅八条口に近く、出張組も新幹線に乗るギリギリまで宴会可能

PRIVATE × KYOTOEKI
KYOTO SUMIBIKUSHIYAKI TSUJIYA

いつもの飲み会を
非日常に変える個室空間

・DATA・

●半個室2室:掘り炬燵席(2〜8名)×1、掘り炬燵席(2〜50名)×1
◎共に利用料無、完全予約制

きょうと すみびくしやき つじや
きょうとえきまえてん

☎ 075・365・8160
🏠 京都市下京区塩小路通西洞院西入ル
北不動堂町570-3 2・3F
🍴 炭火串焼
💴 1人の料金目安／3500円
📱 予約がベター

京都 炭火串焼 つじや
京都駅前店

　自然豊かな亀岡で、放し飼いで育った新鮮な京七谷赤地鶏や上賀茂の野菜を、紀州備長炭でじっくり焼く串焼を中心に鶏料理が揃う。店のこだわりは、良い素材を丁寧に仕込み、最高の焼き加減を徹底する上質の"シンプル"。薬味はタレか塩のみ、素材の力を感じて。

㊗17:00〜24:00(フードLO／23:00、ドリンクLO／23:30)　㊡不定休　🚭禁煙席無　👶子ども可　🅿無

40年以上継ぎ足されたタレと濃厚な黄身が抜群の相性。つじや特製つくね1本280円。南禅寺御用達[服部]の豆腐や洛中の蔵元[佐々木酒造]のお酒など、京都らしい顔ぶれも

PRIVATE × KYOTOEKI
YAKINIKUAN KIZASHI

上質の肉を
高級感漂う町家で

・DATA・

●完全個室4室:テーブル席(2〜4名)×1、テーブル席(4〜6名)×2、テーブル席(4〜10名)×1　●半個室4室:テーブル席(2〜4名)×4　◎すべて利用料無、予約がベター

やきにくあん きざし きょうとえきまえほんてん

☎ 075・585・5336
🏠 京都市下京区七条通新町西入ル
夷之町709
🍴 焼肉
💴 1人の料金目安／昼2000円、夜6000円
📱 予約がベター

質の高い肉や希少部位の食べ比べを楽しめるように、量を調整して提供。月一で登場する限定の新商品も人気。夜コース5000円〜

焼肉庵 兆
京都駅前本店

　七条通でひと際目を引く真っ黒な外観のこちらは、伝統とモダンが融合したおしゃれな焼肉店。肉は店主の厳しい目で選ばれた高品質のものを揃え、薄切りの霜降りロースに大根おろしとネギをのせて炙る名物三秒ロースなど、旨みが引き立つ方法を教えてくれる。

㊗11:30〜15:00(LO／14:30)、17:00〜23:00(フードLO／22:00、ドリンクLO／22:30)　㊡不定休　🚭禁煙席無
👶子ども可　🅿無

DATA

- 完全個室1室:ソファ席(1〜16名)×1
※利用料14万円、仕切りで2室に(テレビ付8万円、もう1部屋6万円)、完全予約制
- 半個室9室:テーブル席(2〜4名)×1、テーブル席(2〜5名)×3、テーブル席(2〜6名)×5※利用料無、予約がベター

じゅくせいやきにく ぽんど
きょうとえきまえてん

☎ 075・708・8929
🏠 京都市下京区七条通烏丸西入ル
東境町185-1
🍴 焼肉
¥ 1人の料金目安／昼1500円、夜5500円
📱 予約がベター

熟成焼肉 听 京都駅前店

熟成牛に最適と言われる鹿児島県[平松牧場]の黒毛和牛や神戸牛を、温度・湿度・風力を管理し寝かせ、旨み・食感・香りをランクアップさせた熟成肉の専門店。希少部位の焼肉やステーキ、炙り寿司など、さまざまなスタイルで熟成肉を心ゆくまで味わいたい。

🕐 11:30〜14:30(LO／14:00)、17:00〜24:00(LO／23:30) 無休 禁煙席無
子ども可 P無

おすすめは厚切り牛タンステーキ980円、サーロインステーキ1/2ポンド2980円など。分厚いステーキ肉を焼肉で味わえる贅沢なメニュー。芳醇な香りをまとった熟成肉を堪能して

PRIVATE × KYOTOEKI

JYUKUSEIYAKINIKU POND

旨みが凝縮した
熟成肉を気軽に焼肉で

テレビ付きの完全個室は最大16名の会食に対応。大切な接待の時におすすめの贅沢空間

With chirldren

子ども連れOK!

子どもと一緒に個室で食事会

子どもと一緒の集まりこそ個室のチョイスが正解。
普段遣いから記念日まで、さまざまなシーンで活躍する一軒を紹介。

大切な人を集めて特別な時間を

ハレの日に最適

JAPANEASE

・DATA・
●完全個室4室:テーブル席(2名)×1、テーブル席(2〜8名)×2、テーブル席(2〜16名)×1 ◎IF坪庭の見える個室は利用料2000円、他は利用料無、すべて完全予約制

ぎおん とうざん つじはな
☎ 075・531・1175
🏠 京都市東山区上弁天町430
🍴 和食
¥ 1人の料金目安／
昼7000円、夜1万3000円
📱 完全予約制

祇園 東山 つじ華

　元はお茶屋だったという趣ある町家を活かした空間にはさまざまな個室があり、子ども連れでも気兼ねなく訪れられる。季節の味わいを取り入れた京料理はどれも丁寧に仕上げられ、見た目にも美しい。記念日やゲストをもてなす日に重宝すること間違いなしの一軒だ。

🕐 11:30〜14:00(フードLO／12:30、ドリンクLO／13:30)、17:30〜22:00(フードLO／19:30、ドリンクLO／21:30) 休 火曜休、他不定休有(月2〜3回) 🚭 全席禁煙
😊 子ども可 P 無

昼は5000円と8000円、夜は1万円と1万6000円のコースの他、事前予約で2万円のコースも用意。小学生まで注文可能なお弁当もあり

体にやさしい料理を好きなだけ

BUFFET

たくさん食べよう!

おばんざいビュッフェ&バイキング1800円(60分)、2100円(90分)。京都ならではのおばんざい、旬の野菜をたっぷりと味わおう

京・錦 おばん菜ビュッフェ ひなたや

　京の台所、錦市場にあるこちら。四季折々の野菜でつくるおばんざいをはじめ、肉や魚料理、創作のごはん、スイーツなど全35品をビュッフェスタイルで提供。ドリンクバーも付いているので、子ども連れの利用にぴったり。ヘルシー志向の女子会にもおすすめ。

🕐 11:00〜16:00(LO／14:30)、17:00〜22:00(LO／20:30) 休 無休 🚭 全席禁煙 😊 子ども可 P 無

・DATA・
●半個室2室:テーブル席(5〜6名)×1、テーブル席(15〜25名)×1
◎共に利用料無、予約がベター

きょうにしき おばんざいビュッフェ ひなたや
☎ 075・286・7824
🏠 京都市中京区錦小路通柳馬場東入ル東魚屋町180 サキゾービル2F
🍴 おばんざい
¥ 1人の料金目安／2000円
📱 予約がベター

CAFE & BISTRO

子どもと一緒に"美味しいね"

・DATA・
● 完全個室1室：テーブル席（4〜16名）×1※昼夜各1組限定
◎ 利用料無、完全予約制

カフェ＆ビストロ ゆうわ
☎ 075・746・7729
🏠 京都市左京区北白川東久保田町5
🍴 洋食
¥ 1人の料金目安／
昼1000円、夜1200円
📱 予約がベター

Cafe&Bistro 優和

ハンバーグにエビフライ、チキンカツ、大人も子どもも大好きな洋食メニューはみんなを笑顔にする。一乗寺のビストロで腕を磨いたシェフが手掛けるだけあり、本格的なソースや手作りのドレッシングなど、繊細な味わいが人気の秘密。個室は昼夜、各1組限定。

⏰ 11:00〜15:00、17:30〜21:00
休 水曜休　🚭 全席禁煙
子ども可　Ⓟ 無

キッズウェルカム！

16名まで利用OKな個室には赤ちゃん用のシートクッションも用意。お子様ハンバーグプレート648円など、キッズメニューもあり

HAWAIIAN CAFE

ハワイの風を感じる京町家

ふんわりやさしい

ベリーベリーパンケーキ980円やフルーツパンケーキ1000円などの他、季節メニューもあり。一部メニューはハーフでのオーダー可

Fukumimi

穏やかな南国のリラックス感と、京都の古い町家の雰囲気がマッチしたカフェ。どれにするか迷うほど魅力的なメニューがいっぱいだから、友人とシェアするのも良さそう。パンケーキやアサイーボウル、ロコモコなど、ハワイではお馴染みのグルメが勢揃い。

⏰ 9:00〜22:00（LO／21:00）
土・日曜8:00〜21:00（LO／20:00）
※モーニング〜11:00　休 月曜休
🚭 全席禁煙　子ども可　Ⓟ 無

・DATA・
● 完全個室1室：テーブル席（2〜6名）×1　◎ 利用料500円、完全予約制

フクミミ
☎ 075・252・2933
🏠 京都市中京区姉小路通衣棚西入ル長浜町143-3
🍴 ハワイアンカフェ
¥ 1人の料金目安／
昼1000円、夜1500円
📱 11:30〜17:00は予約不可（個室除く）

昼は、朱の7段飾りで登場する15食限定のちらし寿司膳3000円とお寿司のミニ会席6000円を用意。京情緒溢れる個室は、格子戸を開けてすぐの階段を上がった2Fにあり

思わず笑みがこぼれる
見た目も印象的なちらし寿司膳

PRIVATE ROOM

和食ランチでおもてなし

お昼でも落ち着いた場所でしっかりもてなしをしたい。そんなときにおすすめなのが和食ランチ。華やかな逸品を楽しもう。

・DATA・

- ●完全個室2室：座敷(4名)×1、テーブル席(8〜12名)×1 ◎共に利用料無、予約がベター

ろじとのもと
- ☎ 075・525・7557
- 🏠 京都市東山区宮川町筋松原上ル宮川筋5-325-1
- 🍴 和食
- ¥ 1人の料金目安／昼3000円、夜1万5000円
- 📱 予約がベター

路地との本

風情ある宮川町の一角。格子戸を開けてなお続く、路地の奥へ進むと粋なカウンターが。出迎えてくれるのは、京都ホテルオークラ［入舟］で腕を振るっていた塔本さん。北海道産のウニや近江牛、滋賀県産のきぬひかりなど厳選素材を使った寿司のセットや会席が味わえる。

🕐 11:30〜14:30(LO 13:30)
17:30〜21:00(LO)
休 月曜休
全席禁煙 子ども可(要相談) P無

五感と心に響く
熟練技のオンパレード

穏やかな時間が流れる個室で、非日常のひとときを。写真は昼限定の懐石コース7000円より。夜の懐石コースは1万800円〜。季節の素材を最大限に活かした料理の数々を楽しんで

・DATA・

●完全個室1室：テーブル席（3〜4名）×1
◎利用料無、完全予約制

あやのこうじ からつ
☎ 075・365・2227
🏠 京都市下京区綾小路通新町西入ル矢田町113-1
🍴 日本料理
¥ 昼8000円、夜1万5000円
📱 完全予約制

綾小路 唐津

　明治期の町家を舞台に、[京都吉兆]をはじめ数々の名店で研鑽を積んできた店主の唐津さんが旬の味わいを披露する。火加減や包丁の入れ方、塩のあて方といった和食の基本に忠実に、食材が持つ個性を引き出していく。日本各地から取り寄せる素材の力を堪能して。

🕐11:30〜14:00、17:30〜22:00　㊡日曜休、他不定休有　🚭全席禁煙（喫煙スペース有）　😊子ども可　🅿無

寛ぎの空間で
四季を映す料理の数々を

昼のコースは5400円〜。ひと際目を引く八寸は、あえて複数名分をひと皿に盛り付けて、より華やかに演出する。店内は、個室を含めゆったりとした空間使いで心落ち着く

• DATA •

- ●完全個室1室：テーブル席（4〜6名）×1
- ●半個室2室：ソファ席（2〜6名）×2
- ◎すべて利用料無、予約がベター

ぎをん かりょう
☎ 075・532・0025
🏠 京都市東山区祇園町南側570-235
🍴 和食
¥ 1人の料金目安／昼6000円、夜1万7000円
📱 予約がベター

祇園 迦陵

賑やかな花見小路通りにある扉を開ければ、路地行灯が店内へと導く静かな空間が広がる。日本料理の伝統を受け継ぎながらも新しいエッセンスやアイデアを加え、旬の食材を吟味し、目にも舌にも美味しい料理を紡ぎ出す。おくどさんで炊くごはんも名物のひとつ。

🕐 11:30〜15:30(LO／14:00)、18:00〜22:30(LO／20:00)　休 水曜休　🚭 全席禁煙
☺ 子ども可(6歳以下は個室のみ利用可)　Ⓟ 無

PRIVATE ROOM

和食ランチ×個室

肩肘張らない創作和食を
シックな店内で

・DATA・

●完全個室3室：テーブル席(5〜8名)×1、テーブル席(3〜4名)×2
◎すべて利用料無、予約がベター

ひがしのとういん ソウ

☎ 075・212・3711
🏠 京都市中京区東洞院通六角上ル
　　三文字町225 朝陽ビル1F
🍴 創作和食
¥ 1人の料金目安／昼2000円、夜6000円
📱 予約がベター

昼は、全7品3200円(税込)のコースがスタンバイ。ハレの日の食事会や法事などさまざまなシーンで重宝する。店内はしっとりとした大人の雰囲気

東洞院 SOU

　日本酒をオーダーしたくなる酒肴が揃う大人好みの和食処。お造りや天ぷら、焼物といった定番の和食を、熟練の料理人が盛り付けも華やかに仕上げる。個室の他に、カウンター席と掘り炬燵のテーブル席があるので、目的に合わせて上手に使い分けて。

🕐 11:30〜14:30(入店／13:30)※要予約、17:00〜23:00(LO)　休 不定休　🚭 全席禁煙
😊 子ども可　P 無

季節の味覚と
料理人の技が詰まった一品

紫野 川はた

　老舗料亭で研鑽を積んだ店主が、地元に戻り構えた割烹。季節の素材を盛り込んだ、目にも楽しいお昼のお弁当をはじめ、夜は一品料理を用意し、コースは5000円〜と気軽に通えるところが嬉しい。ごはんは注文が入ってから炊きあげるなど店主の心遣いに癒やされる一軒だ。

営 12:00〜14:30(LO／14:00)
17:30〜23:00(LO／22:30)
休 木曜・第3水曜休　全席禁煙
子ども可　P 無

八寸にお造り、揚げ物、炊き合わせなどを盛り込んだお昼のお弁当2500円。釜炊きごはん、赤だし、デザート付き。小上がりの個室は子ども連れの食事会もOK

・DATA・

●完全個室1室：掘り炬燵席（2〜4名）
×1　◎利用料無、予約がベター

むらさきの かわはた
☎ 075・431・1211
京都市北区紫野東野町8-1
船岡山ハイツ1F
和食
1人の料金目安／昼3000円、夜6000円
予約がベター

気軽に楽しめる滋味深い松花堂弁当

蓋を開けた瞬間、笑顔になる松花堂弁当1000円。揚げ物や炊き合わせなど、一品ずつ丁寧に仕事された料理を堪能して。ごはんと味噌汁付き。2Fに座敷の個室が2室あり

わかしろ

「堅苦しく考えず、気楽に使ってくださいね」と笑顔で語る気さくな店主。お値打ちなのは昼の弁当だけでなく、夜でも食べて飲んで5000円が目安とか。この道40年以上の大ベテランが腕を振るう質の高い和食を良心的な価格で味わえるのが魅力。

営 11:30〜13:30、17:30〜23:00(LO／22:00)
休 土曜昼、日曜休(月曜が祝日の場合は日曜営業、月曜休)
全席禁煙　子ども可(要相談)　P 無

・DATA・

● 完全個室2室：座敷(5〜10名)×2
◎ 共に利用料無、完全予約制

わかしろ
☎ 075・256・3044
🏠 京都市中京区蛸薬師通烏丸西入ル
　　橋弁慶町218
🍴 和食
¥ 1人の料金目安／昼1200円、夜5000円
📱 予約がベター

・DATA・

- ●完全個室1室:テーブル席(2~6名)×1
- ◎利用料無、予約不可

むらかみかいしんどうカフェ
- ☎ 075・231・1058
- 🏠 京都市中京区寺町通二条上ル常盤木町62
- 🍴 カフェ・洋菓子店
- ¥ 1人の料金目安／1000円
- 📱 予約不可

村上開新堂カフェ

1907年創業の老舗洋菓子店。名物のロシアケーキなど、昔から変わらない美味しさは健在だ。さらに現在では四代目となる若き店主による感性が光るスイーツも提供する。寺町通りに面した店舗の奥につくられたカフェスペースは、北欧家具が配されてモダンな雰囲気。

⏰10:00~17:00(LO／16:30) ※販売10:00~18:00 休日曜・第3月曜、祝日休 全席禁煙 子ども可 P無

PRIVATE ROOM

喫茶でおもてなし

日常を忘れさせてくれる素敵な空間で、お茶やお菓子ときにはお酒をおともに幸せなひとときを過ごして。

レトロモダンな空間でスイーツを召し上がれ

大正時代に建てられたというレトロかわいい店構え。町家空間にある個室は、モダンな設えで洗練された趣。カフェ限定のスイーツセット1111円なども楽しめる

・DATA・

- ●完全個室1室：テーブル席（1〜4名）×1
- ◎アフタヌーンティーセットのオーダーに限り利用可、2日前までの完全予約制

マダム ドリュック きょうとぎおんてん
☎ 075・531・2755
🏠 京都市東山区上弁天町435-1
🍴 ショコラトリー
¥ 1人の料金目安／
個室サロン3800円、喫茶1500円
📱 予約不可

Madame Delluc
京都祇園店

　ベルギーの老舗ショコラトリー、王室御用達の称号を持つ名店が日本に初出店。京町家を改装した店内はカフェが併設されており、京都店限定メニューも提供。また、アフタヌーンティーを予約すれば個室が利用でき、坪庭を眺めながら優雅な時間を過ごすことができる。

営10:00〜19:00（カフェLO／18:00）※アフタヌーンティーは11:00〜、13:45〜、16:30〜各2時間制
休不定休 全席禁煙 子ども可 P無

PRIVATE ROOM

喫茶×個室

午後のひとときを
アフタヌーンティーセットで

ひと粒でも十分に食べ応えのある、こだわりの詰まったチョコレートに感動。アフタヌーンティーは3800円、喫茶メニューのMadame Dellucショコラ2個950円

円山公園に佇む
茶室でゆるりと寛ぐ

・DATA・

- ●完全個室1室:座敷(2〜16名)×1
- ※襖で仕切り座敷(2〜6名)×1、座敷(2〜8名)×1の半個室として利用可
- ◎利用料2時間1万5000円、以降1時間ごとに5000円加算、完全予約制

さかまるやま
- ☎ 075-551-3707
- 🏠 京都市東山区円山町620-1-2 円山公園内
- 🍴 甘味処
- ¥ 1人の料金目安／2000円
- 📱 完全予約制

茶菓円山

　鳥のさえずりや、茶釜で湯の沸く音、ささやかな音の風景を楽しめる静寂が心地よい甘味処。毎朝八坂神社の境内から汲んでくる、御神水で淹れる抹茶や煎茶、珈琲などと合わせるのは、工夫が凝らされた作りたての季節の甘味。茶室さながらの空間も美しい。

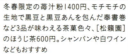

営 11:00〜19:00　休 火曜休
全席禁煙　子ども可　P 無

冬春限定の苺汁粉1400円、モチモチの生地で黒豆と黒豆あんを包んだ奉書巻など3品が味わえる茶菓色々、[松籟園]のほうじ茶600円。シャンパンや白ワインなどもおすすめ

とっておきのひと皿
心おきなく堪能したい

・DATA・

● 半個室1室：テーブル席（2〜4名）×1
◎ 利用料金無、予約がベター

デザート＆ワイン
せいようぢゃや やまもと
☎ 080・7744・0631
🏠 京都市下京区観喜寺町19-1 1F
🍴 アシェットデセール
💰 1人の料金目安／3200円
📞 予約がベター

Dessert&Wine
西洋茶屋 山本

　前菜からはじまるコース仕立てのデザート、アシェットデセールを供する一軒。シェフはフランスや神戸で腕を磨いてきた実力派、ソムリエの資格も持ち、ワインとの魅力的なペアリングも提案してくれる。スイーツには和の食材を組み合わせるなど、自由な発想も冴える。

🕐 13:00〜17:00（LO／16:00）、18:00〜22:00（LO／21:00）　休 水曜休
🚭 全席禁煙　子ども可（個室利用に限る）
🅿 無

テイストや食感に変化をつけた全4皿のデザートコース1850円、ワインのペアリングはハーフ1111円、フル1666円。漆器に洋菓子を盛り付けるなど、ひとひねり利いたアイデアも素敵

In hotel
宿泊は街中ホテルで

遠方から足を運んでくれる
友人や親族へのおもてなしの締め括りは
アクセスが便利な
Leafプロデュースの街中ホテルへ

Villa三条室町京都
☎075・257・0777
京都市中京区室町通三条上ル役行者町375
http://sanjo-muromachi.net/

京都 四条高倉ホテル grandereverie
☎075・371・0012
京都市下京区高倉通四条下ル高材木町225
http://grandereveriehotels.jp/takakura/

Villa Pontocho 先斗町別邸
☎075・744・1952
京都市中京区先斗町通四条上ル鍋屋町232-12
https://villapontocho.net/

京都 寺町松原ホテル grandereverie
☎075・341・0577
京都市下京区寺町通松原下ル植松町707-2
http://grandereveriehotels.jp/teramachimatsubara/

繭グレイスホテル
☎075・221・1008
京都市中京区小川通御池下ル壺屋町457-2
http://mayugracehotel.net/

京都 烏丸御池ホテル grandereverie
☎075・221・1222
京都市中京区衣棚通御池下ル長浜町143-1
http://grandereveriehotels.jp/oike/

姉小路別邸
☎075・257・8100
京都市中京区姉小路通小川西入ル宮木町460
http://aneyakoji.net/

京都 新町六角ホテル grandereverie
☎075・211・1770
京都市中京区六角通室町西入ル玉蔵町120
http://grandereveriehotels.jp/shinmachi/

\ 京都駅近くにあり！/

2F

petit house TOJI
☎075・634・9891
京都市南区西九条針小路町89-1
https://toji-pocher.com/petit_house/

1F Cafe POCHER

餃子と煮込み・魚屋鮨しん

PRIVATE ROOM

大切な人を
おもてなし

ここ一番の勝負にふさわしい
贅沢な料理と上質な雰囲気。
いつまでも記憶に残る、
スペシャルな時間を
約束してくれる店へ招待しよう。

PRIVATE ROOM ////// 大切な人×個室

熟成ワインと厳選素材の醍醐味を体感

\ 和と洋の調和が素敵 /

ヴィンテージライクなムードが漂う店内。2Fに個室を2部屋用意。昼、夜ともコース1種のみで昼は6000円。四季を大切に、旬食材を多彩な料理やプレゼンで楽しませてくれる

・DATA・

● 完全個室2室：テーブル席（2〜8名）×2
◎ 共に利用料無、完全予約制

ヴェーナ
☎ 075・255・8757
🏠 京都市中京区室町通夷川上ル
　鏡屋町46-3
🍴 イタリアン
¥ 1人の料金目安／昼9000円、夜1万8000円
📱 完全予約制

vena

　[BOCCA del VINO]でソムリエとして活躍した池本さんと、[イル・ギオットーネ]で腕を磨いた早川シェフがタッグを組む店。契約農家の野菜や港直送の魚介などの食材、池本さんが長年集めたワインともにポテンシャルを極限まで引き出し、ベストなタイミングで提供する。

🕐 17:30〜21:00(LO) ※土〜火曜はランチ営業有12:00〜13:00(LO) (水)水曜休、他不定休有(月1回)　🚭 全席禁煙
☺ 子ども可（個室利用に限る）　🅿 無

至高の食体験が叶う1日2組限定の京町家

・DATA・

●町家一棟貸し(4〜6名)
◎利用料無、2日前までの完全予約制

たかすか
☎ 075・748・1680
🏠 京都市東山区東大路通七条下ル
　東瓦町690
🍴 フレンチ割烹
¥ 1人の料金目安／1万5000円
　※別途サービス料10%
📱 2日前までの完全予約制

髙須賀

「ゲストの要望を叶えたい」と、町家一棟を使いプライベートフレンチ割烹というスタイルを貫く髙須賀シェフ。ソムリエでもあるゆえ料理に合わせたワイン選びも、ワインに合うソース作りも自由自在。友人宅にお呼ばれしたような心地で、ゆったりとした美食時間を。

🕐 12:00〜15:00(4〜6名の予約に限り営業)、17:00〜23:00
休 水曜、第1・3火曜休　🚭 全席禁煙
☺ 子ども不可　P 無

\ ワインとのマリアージュ /

昼夜共に1万円のコースのみで、旬の魚介や京都の食材をふんだんに織り交ぜた月替わり。細い路地奥に佇む築90年の町家を4〜6名で貸し切ることが可能。この上なく贅沢なひとときを

世界を魅了する独創的な美食空間

・DATA・

●半個室1室：テーブル席(2〜4名)×1
◎利用料無、完全予約制

やまじようすけ
☎ 075・561・8001
🏠 京都市東山区祇園町南側570-151
🍴 フレンチ
¥ 1人の料金目安／昼1万3500円、夜2万円
※昼は別途サービス料5%、夜は10%
📱 完全予約制

山地陽介

山地シェフは[ジョエル・ロブション][アラン・デュカス]といった名店で経験を積み、世界の美食家を虜にした人物。各国からのオファーを断って構えた祇園のレストランで、世界35ヶ国の料理のエッセンスやアイデアを織り交ぜた独創的な世界を紡ぎ出す。

営 ランチ12:00(LO)、ディナー18:00〜、19:00〜(共に一斉スタート)
休 月曜休、他月3回火曜休　全席禁煙
😊 子ども可(12歳以上に限る)　Ⓟ無

\ 接待や記念日にもおすすめ /

個室は、ゆったりとした空間。昼は1万円、1万5000円の2コース、夜は1万5000円、2万円、3万円の3コースを用意。シェフが選び抜いた各地の厳選食材が、華麗なひと皿へと調理される

本場のスパイスと旬食材が奏でる美味

・DAIA・

●完全個室1室：テーブル席（4〜7名）×1
◎利用料無、完全予約制

まちやしせん ほしつきよ
☎ 075・341・2510
🏠 京都市下京区油小路通仏光寺上ル
　　風早町582
🍴 四川料理
¥ 1人の料金目安／昼4000円、夜1万円
　※夜は別途サービス料10%
📱 予約がベター

町家四川 星月夜

　築100年の町家をリノベーションした空間で味わえるのは、唐辛子や山椒などの香辛料を巧みに使った本格四川料理。肉や魚、季節の野菜をバランスよく彩り綺麗に仕上げる。四川と上海料理の両方に携わったベテランシェフならではの洗練された中華を満喫して。

営 11:30〜14:30（LO／14:00）
　 17:00〜22:00（LO／21:00）
休 火曜休、他不定休有　🚭 全席禁煙
😊 子ども可（6歳以下は個室のみ利用可）
Ｐ 3台

\ モダンシノワを感じる店内 /

格子窓や天井の梁など町家の風情溢れる個室。料理は、香辛料と素材の滋味を活かした一品がスタンバイ。紹興酒の他、豊富に取り揃えるワインと共に味わいたい。コースは季節替わり

訪れるたびに新鮮、自由闊達な料理

· DATA ·

● 完全個室1室：テーブル席（2〜6名）×1
◎ 利用料無、完全予約制

東山 吉寿
ひがしやま よしひさ

☎ 075・748・1216
🏠 京都市東山区妙法院前側町422
🍴 和食
💴 1人の料金目安／昼7000円、夜1万7000円
📱 完全予約制

　和食をベースにイタリアン、中華、ジビエなどコースが月毎にがらりと変わるスタイルで、毎月訪れる常連客を楽しませている。昼夜共に一斉スタート、工夫を凝らした盛り付けや演出などはまるでショーに参加しているようなワクワク感を味わわせてくれる。

営 ランチ12:00〜（一斉スタート）、ディナー18:00〜（一斉スタート）　休 火曜休
🚭 全席禁煙（喫煙スペース有）
☺ 子ども不可　P 6台

＼ 和の設えに落ち着く ／

閑静な住宅街に店を構えたのは、和食歴25年の店主鈴木さん。豪華食材を盛り込んだ、その時季ならではの料理でもてなしてくれる。夜のコースは1万7000円

PRIVATE ROOM ///// 大切な人 × 個室 /////

極上のひと皿から伝わるもてなしの心

・DATA・

● 完全個室1室：テーブル席（2〜6名）×1
◎ 利用料無、完全予約制

せん

☎ 075-361-8873
🏠 京都市下京区五条通柳馬場上ル 塩竈町379
🍴 和食
¥ 1人の料金目安／昼1万5000円、夜2万円
※別途サービス料8％
📱 完全予約制

枞

　カウンターに和やかな表情で立つのは、数々の名店で修業を重ねた杉澤さん。厳選食材を磨き抜かれた腕で至極の一品に仕上げるのはもちろんのこと、ゲストにより楽しんでもらいたいと、コースに鍋を取り入れて目の前で調理するなど、もてなしにも趣向を凝らす。

🕛 12:00〜15:00（最終入店）、17:30〜22:00（最終入店）　㊡ 不定休
🚭 全席禁煙　☺ 子ども可（12歳以下は個室のみ利用可）　🅿 無

\ 会食には個室がおすすめ /

丹後の網元から直送される鮮魚や丹波牛、鷹ヶ峰農家の野菜を用い、ダシの味に深く関わる水は大原の天然水を汲んでくるこだわりよう。料理は、昼夜共に1万3000円、1万6000円、2万円の3コース

ホテル最上階の眺めを
季節の料理と共に

PRIVATE ROOM

ホテルの個室でおもてなし

誕生パーティ、結婚のお披露目会など、人生の節目には真心のもてなしと上質な設えで迎えてくれるホテルの個室が重宝する。

肉料理と魚料理のどちらも味わえるコース、Menu étoile 8000円（税サ込）。メニューは2ヶ月ごとに変更。その他、シェフおまかせの特別なフルコースもあり

ホテルグランヴィア京都
ビュー＆ダイニング コトシエール

フレンチイタリアンをベースに、京都の食文化を融合させた華やかな品々でもてなしてくれるレストラン。ホテル15Fにあるラグジュアリーな個室グレイスサロンは、京都駅の南側の夜景を一望できる。大切な日の会食にふさわしいワンランク上の時間を過ごすのにおすすめ。

営 11:30〜15:30（LO／14:30）、17:30〜22:30（LO／21:30） 休 無休 全席禁煙 子ども可 P 有

・DATA・

● 完全個室1室：テーブル席（10〜20名）×1
◎ 夜は10名よりコース注文で利用可（昼は要問い合わせ）、完全予約制

ビュー＆ダイニング コトシエール
☎ 075・342・5522
🏠 京都市下京区烏丸通塩小路下ル
   東塩小路町901
   ホテルグランヴィア京都15F
🍴 フレンチイタリアン
¥ 1人の料金目安／昼4000円、夜8000円
　※別途サービス料10%
📱 予約がベター

宮廷のような空間で京風中華を堪能

プレミアムマダムチャイナランチ6296円は全6品にパティシエ特製デザートと中国茶が付く。3ヶ月ごとにメニューが替わり季節感を表現

京都ブライトンホテル 中国料理 花閒

料理長の牧さんが追求しているのは、広東料理をベースにした中国料理のダイナミックさと京料理の繊細さを融合させた京風中華。料理長おすすめの逸品と完全プライベートな個室や格子戸で仕切られた個室が、さまざまなシーンを優雅に演出してくれる。

営 11:30～14:30(LO)、17:30～21:00(LO) 休 無休 全席禁煙 子ども可 P 有

・DATA・
- 完全個室1室：テーブル席(6～24名)×1
- 半個室2室：テーブル席(4～8名)×2
◎すべて利用料1人300円、予約がベター

ちゅうごくりょうり かかん
☎ 075・441・4343
京都市上京区新町通中立売下ル仕丁町330（御所西）
京都ブライトンホテル2F
中国料理
￥ 1人の料金目安／昼4500円、夜1万円
予約がベター

緑溢れるガーデンと繊細かつ彩り豊かなひと皿を

京都肉や京野菜など京都ならではの素材を活かした料理が堪能できるディナーコース味覚1万2110円。春には店名の由来である枝垂れ桜が見頃に

グランドプリンスホテル京都 メインダイニング いと桜

フレンチの枠にとらわれないグローバルな発想を盛り込んだ一品を楽しめる京モダンキュイジーヌ。上賀茂や大原の契約農家から仕入れる野菜を使った料理を、窓からの風景と共に味わう時間は格別。中庭を望むシックな佇まいの2つの個室は落ち着いた雰囲気。

営 モーニング7:00～10:00
ランチ11:30～15:00(LO／14:30)
ディナー17:30～21:30(LO／21:00)
休 無休 全席禁煙 子ども可(昼及び、個室利用に限る) P 有

・DATA・
- 完全個室2室：テーブル席(4～6名)×1
※利用料3300円、テーブル席(6～14名)×1
※利用料5500円 ◎共に予約がベター

メインダイニング いとざくら
☎ 075・712・1111
京都市左京区岩倉幡枝町1092-2
グランドプリンスホテル京都1F
フレンチ
￥ 1人の料金目安／昼3000円、夜8000円
予約がベター

愛され続ける
老舗の変わらぬ味

コクと深みのある
スープが肉厚のフカ
ヒレによく絡む。究極
の杏仁豆腐900円
は、牛乳と和三盆の
まろやかな味わいが
広がる名物メニュー
のひとつ

・DATA・

●完全個室6室：テーブル席(6〜12名)×1、テーブル席(4〜6名)×1、テーブル席(12〜18名)×1、テーブル席(6〜10名)×2、テーブル席(16〜30名)×1
◎すべて利用料2000円〜1万円(要問い合わせ)、完全予約制

ちゅうごくりょうり とうり
☎ 075・254・2543
🏠 京都市中京区河原町御池
京都ホテルオークラB1F
🍴 中国料理
¥ 1人の料金目安／昼5000円、夜1万円
※別途サービス料10%
📱 予約がベター

京都ホテルオークラ
中国料理 桃李

2019年9月に40周年を迎える、京都におけるホテル中国料理の先駆け的存在のこちら。なかでも多くのファンを唸らす代表料理が青鮫尾びれ ふかのひれの姿煮込み1万円。ガラス扉のスタイリッシュな個室など、こだわりの空間で過ごす大切な時間に欠かせない逸品を堪能して。

営 11:30〜14:30※土・日曜、祝日〜15:00、17:30〜21:00 休 無休
全席禁煙(個室は一部喫煙可)
子ども可 P 有

職人技が光る四季折々の味わいを
表現した季節の会席1万102円。法
要プランの松花堂縁高5051円など、
個室メニューが充実している

和と洋の空間で味わえる
繊細な京料理

京都 東急ホテル
京料理 たん熊北店
Directed by M.Kurisu

洗練された和の空間で味わえるのは、京の粋と食文化を伝える料理。雪見格子をモチーフにした掘り炬燵の座敷やグループで利用しやすい洋個室など、シーンに合わせて選べる大小5つの部屋を用意。慶事・法要プランを予約すると利用料がサービスになるというから嬉しい。

営 モーニング6:30〜10:30(LO／10:00)
ランチ11:30〜14:30(LO／14:00)
ディナー17:00〜22:00(LO／21:30、会席LO／21:00) 休 無休 全席禁煙
子ども可 P 有

・DATA・

●完全個室3室：掘り炬燵席(6〜10名)×1、掘り炬燵席(4〜8名)×1、テーブル席(2〜6名)×1 ●半個室2室：テーブル席(6〜12名)×2※2室繋げて24名まで対応可
◎すべて利用料4630円〜1万1112円(要問い合わせ)、5日前までの完全予約制

きょうりょうり たんくま きたみせ
ディレクティッド バイ エム クリス
☎ 075・343・3936
🏠 京都市下京区堀川通五条下ル柿本町580
京都 東急ホテルB1F
🍴 京料理
¥ 1人の料金目安／昼5000円、夜8000円
※別途サービス料10%
📱 予約がベター

お箸で楽しめる
和テイストの仏料理

ステーキを備長炭で焼くなど、さまざまな技法を駆使して素材の美味しさを引き出す。ディナーコース7150円〜。写真はイメージ

リーガロイヤルホテル京都
懐石フランス料理
グルマン橘

シェフ自らが京都・鷹峯の樋口農園へ出向き、収穫した新鮮な京都産野菜を中心に使うフレンチレストラン。素材の味を活かすため和のテイストを取り入れ、美しく繊細に仕上げた懐石スタイルの料理を、お箸でカジュアルにカウンターや個室で味わえる。

営11:30〜14:30(LO)、17:00〜21:30(LO／21:00) 休無休 全席禁煙
子ども可 P有

・DATA・
●完全個室2室：テーブル席(4〜12名)×1
※利用料5500円、テーブル席(10〜40名)×1※利用料1万円 ◎共に予約がベター

かいせきフランスりょうり グルマンたちばな
☎ 075・361・9223
🏠 京都市下京区東堀川通塩小路下ル松明町1
リーガロイヤルホテル京都B1F
🍴 フランス料理
¥ 1人の料金目安／昼6000円、夜1万円
※別途サービス料10%
📱 予約がベター

素材の味わいが活きる
本格中国料理

個室ディナープラン1万500円。不動の一番人気、京豆腐を使った陳麻婆豆腐を含むコースにドリンクが付いて個室料も無料とお得(要予約)

都ホテル 京都八条
中国料理 四川

赤と黒を基調にしたオリエンタルな空間で楽しむ本格中国料理。麻婆豆腐は本場四川の伝統を守りながら、なめらかな京豆腐の良さを引き出すこだわりの味。完全個室はタイプの違う4室を用意。料理は季節ごとのコースやアラカルトの他、個室利用料が含まれるお得なプランもあり。

営11:30〜14:30、17:00〜21:00
休無休 全席禁煙 子ども可 P有

・DATA・
●完全個室4室：テーブル席(4〜10名)×3
※利用料6000円〜1万円(要問い合わせ)、テーブル席(10〜26名)×1※利用料1万円
●半個室2室：テーブル席(2〜5名)×2※利用料無
◎すべて完全予約制

ちゅうごくりょうり しせん
☎ 075・662・7956(直通／10:00〜21:00)
🏠 京都市南区西九条院町17
都ホテル 京都八条B1F
🍴 中国料理
¥ 1人の料金目安／昼3000円、夜6000円
📱 予約がベター

接待などフォーマルな利用や結納・顔合わせ、お食い初めなど特別な日の集まりにぴったり。会席コースは昼7500円〜、夜8000円〜楽しめる

その日の美味しい食材を個室やカウンターで

ザ・サウザンド キョウト KIZAHASHI

2019年にオープンした日本料理店。窓辺を囲む日本庭園の美しい眺めが訪れる人を魅了する。料理は京都を中心に日本各地から取り寄せた食材を繊細な味付けや技法で四季折々に表現。洗練された座敷や木漏れ日溢れるテーブル席の個室でゆっくり堪能してほしい。

営モーニング7:00〜10:00(LO)、ランチ11:30〜14:30(LO)、ディナー17:30〜21:00(LO) 休無休 全席禁煙 子ども可 P有

・DATA・

●完全個室3室：テーブル席(2〜6名)×2※夜は利用料1万円(2室繋げて12名まで対応可能)、座敷(2〜12名)×1※昼は利用料1万円、夜は2万円 ●半個室1室：テーブル席(2〜6名)×1※利用料無
◎すべて予約がベター

キザハシ
☎ 075・351・0700(レストラン総合受付)
京都市下京区東塩小路町570 ザ・サウザンド キョウト2F
日本料理
1人の料金目安／昼8000円、夜1万5000円 ※別途サービス料10%
予約がベター

駅近のビアバルは料理も空間も地中海一色

各種アラカルトの他、グループプランメニュー6000円などコースもおすすめ。30名まで利用可能な個室は地中海をイメージしたブルーを基調とした空間

・DATA・

●完全個室1室：テーブル席(15〜30名)×1
◎利用料無、完全予約制

ちちゅうかいりょうり＆ワイン ビアバル オクターヴァ
☎ 075・671・8909
京都市南区東九条西山王町31 ホテル京阪 京都 グランデ2F
地中海料理
1人の料金目安／昼1300円、夜3500円
予約がベター

ホテル京阪 京都 グランデ 地中海料理＆ワイン・ビアバル オクターヴァ

海と太陽をモチーフにした空間は、昼は明るく、夜はしっとり落ち着いた雰囲気。300度で焼き上げる石窯焼きピッツァやアクアパッツァなどの地中海料理は、ビアマスターが厳選した国内外のビールや35種類以上のワインと相性抜群。昼も夜もさまざまなシーンに重宝する。

営11:30〜14:30(LO)、17:00〜23:00(LO／22:00) 休無休 全席禁煙(喫煙スペース有) 子ども可 P無

本日のスープ、気まぐれ点心3種、今月の飲茶30品より好きな2品が付く昼のセット2600円（税サ込）。ごはんは十八穀粥、汁そば、ちまきからセレクト

華やかな盛り付けの広東料理に舌鼓

ホテル日航プリンセス京都 中国料理 翡翠苑

広東料理をベースに、フカヒレやアワビなどの高級素材と日本の食材を取り入れ季節感溢れる一品をランチやディナーで提供。フルーツ＆ベジタブルカービング技術有資格者による果物や野菜に彫刻を施した華やかな盛り付けの料理が、大切なシーンでの食事を盛り上げてくれる。

🕛 11:30～14:30、17:00～21:00
休 無休　全席禁煙　子ども可　Ⓟ 有

・DATA・
- ●完全個室1室：テーブル席（6～20名）×1
- ●半個室2室：テーブル席（8～28名）×1、テーブル席（4～8名）×1
- ◎すべて利用料無、完全予約制

ちゅうごくりょうり ひすいえん
☎ 075・342・2167
🏠 京都市下京区烏丸通高辻東入ル高橋町630 ホテル日航プリンセス京都2F
🍴 中国料理
💴 1人の料金目安／昼3000円、夜7000円
📱 予約がベター

旨みを閉じ込めたヘルシーなグリルメニュー

ラ テラッツァ ディナー1万円は季節ごとに替わるシェフこだわりのフルコース。最後のデザートまでこだわりが光る。本場さながらのピッツァやパスタも

ダイワロイヤルホテル グランデ 京都 ラ・テラッツァ

名物は熟成肉やアンガス牛をオリーブオイルと塩胡椒だけで焼くシンプルで豪快なトスカーナ地方の伝統料理。約30分かけて焼き上げたステーキはあっさりヘルシーな味わい。イタリアソムリエ資格を持つクリスシェフ厳選のイタリアワインとのペアリングを個室で楽しんで。

🕛 11:30～14:30（LO／14:00）※土・日曜、祝日～15:00（LO／14:30）、18:00～21:30（コースLO／20:00、アラカルトLO／21:00）　休 無休
全席禁煙（テラス席に喫煙スペース有）
子ども可　Ⓟ 有（有料）

・DATA・
- ●完全個室2室：テーブル席（2～4名）×1、テーブル席（4～12名）×1
- ◎共にコース注文で利用可、完全予約制

ラ テラッツァ
☎ 075・574・7601
🏠 京都市南区東九条西岩本町15 ダイワロイヤルホテル グランデ 京都1F
🍴 イタリアン
💴 1人の料金目安／昼2000円、夜5000円
📱 予約がベター

PRIVATE ROOM

21時以降も入店可能なお店

遅掛けでもしっかり料理が食べられるから
夜遅スタートの接待や宴会にも役立つはず。
相手の嗜好に合わせてお店をチョイスしよう。

\ 大人の宴会に最適 /

緊張感が心地いい洗練された設えと料理

上質な時間が流れる粋な和の設えが施された個室。前菜盛り合わせ、八寸2500円（写真は2人前）。味噌の焼ける匂いが香ばしい朴葉味噌焼のこ1000円は牡蠣や和牛からも選べる

二条 有恒

　細やかな手仕事と季節を感じる料理でもてなす"大人が楽しめる居酒屋"。旬を盛り込んだ八寸や炭火焼と共に、選りすぐりの日本酒や注目ワイナリーから仕入れる国産ワインとのマリアージュが楽しめる。〆は薄揚げと九条ねぎ、生姜入りのあんをかけた、名物の狸ごはんをぜひ。

営 17:00〜22:00(LO)　休 月曜、他月1回火曜休
全席禁煙　子ども可(2Fの個室利用に限る)
P 無

・DATA・
● 完全個室2室：掘り炬燵席（3〜4名）×1、掘り炬燵席（3〜6名）×1
◎ 共に利用料無、予約がベター

にじょう ありつね
☎ 075-212-7587
京都市中京区二条通寺町西入ル
丁子屋町694-3
和食
1人の料金目安／1万円
予約がベター

女性シェフが表現する愛するマンマの味

おすすめは海の幸のパッケリトマトクリームソース1600円。表面がざらっとした筒状のパスタがソースとよく絡む。レンガ造りの店内は、まるで南イタリアを思わせる異国の雰囲気

DATA

- ●完全個室1室：テーブル席(2〜6名)×1
- ◎利用料無、完全予約制

カンティーナ アルコ
☎ 075・708・6360
🏠 京都市中京区蛸薬師通麩屋町西入ル
　 油屋町145 洋燈館1F
🍴 イタリアン
¥ 1人の料金目安／昼1000円、夜4000円
📱 予約がベター

Cantina Arco

　南イタリアに魅せられたオーナーシェフ清水さんがテーブルに届けるのは、ナポリ直送のモッツァレラチーズのカプレーゼや筒状の極太パスタなどの郷土の味。遅めに設定したラストオーダーや子ども連れも安心の個室など、女性シェフならでは細やかな配慮も嬉しい。

営 14:00〜17:00、18:00〜24:30(LO)
休 水曜休、他不定休有　全席禁煙
子ども可　P 無

先斗町藤わら

東京で長年修業を積んだ店主が握るのは、巧みな技が光る江戸前寿司。全国から仕入れる季節の魚介に飾り包丁など丁寧な仕事を施し、素材の味わいを引き立てる。シャリは店主自らが選んだ八幡市石清水にある[辻農園]の米を使い、信楽焼の羽釜で炊き上げるこだわりよう。

🕐 12:00〜14:00、17:00〜24:00（LO／23:00）　休 不定休　全席禁煙
子ども可（要相談）　P 無

・DATA・
- ●完全個室1室：テーブル席（5〜10名）×1
- ◎利用料無、予約がベター

ぽんとちょうふじわら
- ☎ 075・746・5201
- 🏠 京都市中京区木屋町通四条上ル2丁目下樵木町204-7
- 🍴 寿司
- ¥ 1人の料金目安／昼6000円、夜1万円
  ※別途サービス料必要
- 📱 予約がベター

先斗町と木屋町の細い路地に佇む。その日入荷した旬の食材が堪能できる8000円のコースは先付け、お造り、お椀、焼き物、握り10貫など全16品。白を基調とした個室で賑やかに楽しむのもあり

おまかせで味わいたい
本場の江戸前寿司

半地下

　街中でクラフトビールを気軽に楽しめるスタンド。[京都醸造]や[ココノホップ醸造]のクラフトビール、海外ブランドなどその時々で変わる8種類を味わえる。手前はスタンド、奥はテーブル席になっているのでちょい飲みや二軒目使いにも重宝しそう。

営17:00～24:00(LO／22:30)　土・日曜、祝日14:00～24:00(LO／22:30)　休水曜休、他月1回不定休有　全席禁煙　子ども可　P無

個室はゆったりとしたテーブル席に。ビールは爽やか系やコクがあるなど、好みを伝えるとスタッフがセレクトしてくれる。看板のイラストが描かれたグラスはS・M・Lの3サイズをスタンバイ

・DATA・

●完全個室1室：テーブル席(6～12名)×1
◎利用料無、完全予約制

はんちか
☎ 075・708・3610
🏠 京都市中京区御幸町通六角下ル伊勢屋町346
　　GRAND-REM KYOTO B1F
🍴 ビアバー
💴 1人の料金目安／3000円
📱 予約不要

選りすぐりのクラフトビールで乾杯

グループで集まりやすい使い勝手の良さが魅力

徹底した温度管理のもと、最高の状態で提供する日本酒半合450円〜。豚のトロトロ角煮500円、貝柱の醤油煮350円、干し柿とくるみのクリームチーズパテ400円など酒のつまみが充実

・DATA・
● 完全個室1室：テーブル席(6〜10名)×1
◎ 飲み放題付きコース4500円以上の注文で利用可、完全予約制

サケホール ますや
☎ 075・708・7747
🏠 京都市中京区蛸薬師通烏丸東入ル一蓮社町298-2
🍴 日本酒バル
💰 1人の料金目安／昼1500円、夜3500円
📱 予約がベター

サケホール 益や

　人気の日本酒バル[益や酒店]の2号店は、テーブル席や個室を備えた"サケホール"。各地の日本酒40種類が半合グラスで味わえるのは同じく、週替わりの利き酒セットといった限定メニューもあり。笑顔が素敵な女性店主が迎えてくれるので、日本酒初心者も訪れやすい。

営 11:30〜14:00(LO)、17:30〜23:30(LO)
　土・日曜、祝日12:00〜23:30(LO)
休 不定休　全席禁煙　子ども可(要相談)　P 無

肉も魚も楽しめるボリューム満点のコースは2500円〜。古民家風の個室は人数によって選べるので会社の飲み会や家族での夕食などさまざまなシーンで利用できる

ブランド肉や高級魚が宴を盛り上げる

炭焼ダイニング くおくお。

　ブランド牛の炭火焼きや市場直送鮮魚のお造りなど、気軽に贅沢が味わえる人気居酒屋。なかでも、やわらかい肉質と上品な旨みで肉好きを唸らせる京都牛炙り焼き1280円や無薬飼育の但馬鶏の焼き鳥が人気。冬はぶりしゃぶコース3300円も登場するので忘新年会にも重宝する。

🕐 17:00〜24:00(LO／23:30)
休 月曜休　🚭 禁煙席無
☺ 子ども可　Ⓟ 無

・DATA・

● 完全個室7室：座敷(8〜30名)×7
● 半個室4室：座敷(2〜4名)×4
◎ すべて利用料無、予約がベター

すみやきダイニング くおくお
☎ 075・595・3368
🏠 京都市山科区竹鼻竹ノ街道町65
🍴 炭焼ダイニング
¥ 1人の料金目安／4000円
📱 予約がベター

花街の一角で
厳選和牛を心ゆくまで

落ち着いた雰囲気の個室で上質な和牛を味わえば、贅沢なひとときを過ごせること間違いなし。上ロース1880円、グラスワイン550円～

祇園焼肉 志

料理長自らが厳選したA4ランク以上の和牛をリーズナブルに提供。部位ごとに適した厚みに切り分けられる和牛は、お好みで石川県産竹塩や沖縄県産雪塩などの5種の塩、本わさび、タレで堪能できる。大勢での宴会には飲み放題付きの焼肉コース5000円～がおすすめ。

営18:00～翌6:00(LO／翌5:00) 休日曜、祝日休
禁煙席無 子ども不可 P無

・DATA・

● 完全個室1室：掘り炬燵席(2～25名)×1
● 半個室1室：テーブル席(2～4名)×1
◎ 共に利用料無、予約がベター

ぎおんやきにく こころ
☎ 075・531・6555
🏠 京都市東山区橋本町398-2
八百伊ビル1・2F(花見小路新橋南東角)
🍴 焼肉
¥ 1人の料金目安／6000円
📱 予約がベター

炭火焼ぜん

朝引きの京赤地どりを中心に、黒毛和牛や京野菜など新鮮な食材を串焼きで楽しめる名店。紀州備長炭を使い、強火の遠火で余分な脂を落としながら焼き上げる。約20年以上継ぎ足す自慢のタレと天然塩で旨みが増す絶品串は、地酒や焼酎とも相性バッチリ。

営17:00～24:00(LO／23:30) 休月曜休
禁煙席有 子ども可 P無

・DATA・

● 完全個室1室：掘り炬燵席(2～4名)×1
◎ 利用料無、予約がベター

すみびやきぜん
☎ 075・751・5777
🏠 京都市左京区今出川通川端東入ル
南側田中下柳町14
🍴 焼鳥
¥ 1人の料金目安／3500円
📱 予約がベター

紀州備長炭で引き出す
素材の可能性

昭和初期に建てられた古民家を改装。人気の個室からは庭を見ることができる。ねぎま170円、せせり160円、砂ずり160円などお手頃価格なのも嬉しい

PRIVATE ROOM

大人数でも対応可能なお店

大勢で集まるときは好みをまとめるのが大変！
いろんなジャンルの店の手札をしっかり押さえておけば、
いざという時に使えて便利。

\ 胸が高鳴る外観 /

PRIVATE ROOM

大人数×個室

・DATA・

●完全個室3室：テーブル席（4〜8名）×3
※利用料1室5000円、3室繋げて24名まで
対応可能　●半個室3室：テーブル席（2
〜4名）×3※利用料無
◎すべて完全予約制

ベンジャミン ステーキハウス キョウト
☎ 050・3627・7707
🏠 京都市中京区東洞院通錦小路下ル
　阪東屋町660-1
🍴 ステーキハウス
¥ 1人の料金目安／昼5000円、夜1万4500円
　※別途サービス料10%
📱 予約がベター

BENJAMIN STEAK HOUSE KYOTO

　関西初上陸として注目を集めるニューヨーク発のステーキハウス。USDA（アメリカ農務省）の最上ランク「プライム」に認定された熟成肉を、専用の高温ブロイラーで焼き上げたステーキは口の中で旨みが広がる至福の味わい。京都牛や京野菜を使った限定メニューも用意されている。

営11:30〜15:00（LO／14:00)、17:00〜23:00（LO／22:00）　休無休　🚭全席禁煙（喫煙スペース有）
☺子ども可　Ｐ無

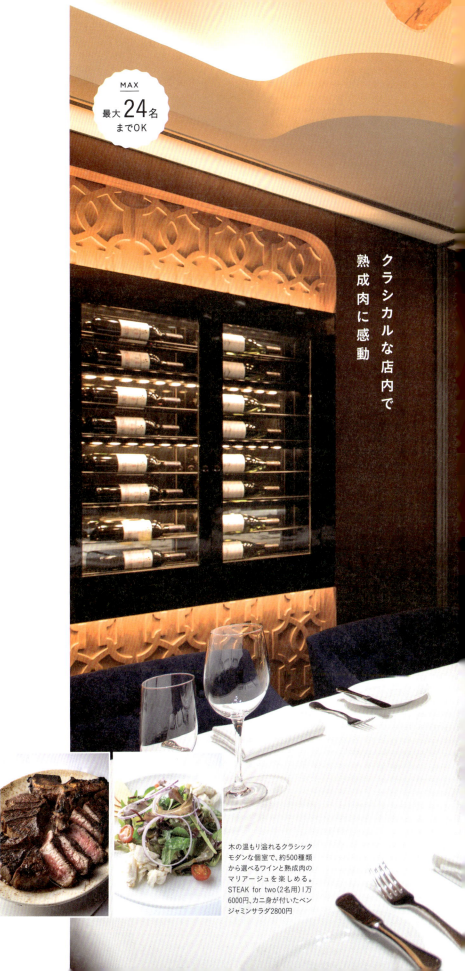

MAX 最大24名までOK

クラシカルな店内で熟成肉に感動

木の温もり溢れるクラシックモダンな個室で、約500種類から選べるワインと熟成肉のマリアージュを楽しめる。STEAK for two（2名用）1万6000円、カニ身が付いたベンジャミンサラダ2800円

築100余年の京町家で
上品に串を堪能

秘伝の製法で熟成させたコクと旨みたっぷりのタレが食欲を刺激する。昼は名物の鶏のひつまぶし1800円、夜は本日のお刺身二種盛りや炭火串焼きが付く季節のコースいろり5000円がおすすめ

\ 荘厳な町家の佇まい /

焼き鳥 串くら本店

カウンター越しに職人が焼き上げるのは、名古屋コーチンや厳選した国産鶏、京野菜などのこだわり食材。備長炭を使うことで食材の旨みはそのままに、やわらかくジューシーな絶品串に仕上がる。実山椒と一緒に焼いた名物の串くら鶏は、山椒の香りにお酒がすすむ逸品。

⏰11:30～14:30(LO／14:00)、17:00～22:30(LO／21:45) 休無休
全席禁煙 子ども可 P有

・DATA・

●完全個室8室：掘り炬燵席(2～24名)×8
●半個室1室：テーブル席(5～9名)×1
◎すべて利用料無、予約がベター

やきとり くしくらほんてん
☎ 075・213・2211
🏠 京都市中京区高倉通御池上ル柊町584
🍴 焼き鳥
¥ 1人の料金目安／昼1500円、夜5000円
※夜は別途サービス料10%
📱 予約がベター

シックな店内で世界が認める黒毛和牛を堪能

極上厚切り黒タン850円(1枚)、和牛ヘレの土鍋矢澤御飯8200円など。有名庭園を数多く作庭する[西造園]が手掛けた美しい坪庭が眺められる個室を完備。個室はベビーカーのまま入室OK

MAX 最大16名までOK

焼肉矢澤 京都

シンガポールやイタリア、アメリカなど世界の美食家を魅了する焼肉店。モダンな空間で味わえるのは、部位ごとに最も美味しいと思う切り方や温度で提供する最高品質の黒毛和牛。"ミスジは裏表各3秒"など脂が溶け出す融点まで計算したこだわりの焼き方で肉好きを虜にする。

🕐 17:00〜23:00(LO) 休 無休
🚭 全席禁煙 ⓒ 子ども可 Ⓟ 無

・DATA・

●完全個室7室：テーブル席(2〜4名)×6
※4室繋げて16名まで対応可能、テーブル席(2〜5名)×1
◎すべて利用料無、予約がベター

やきにくやざわ きょうと
☎ 075・352・2914
🏠 京都市下京区綾小路通東洞院東入ル神明町243 雅綾小路ビル1F
🍴 焼肉
¥ 1人の料金目安／1万2000円
📱 予約がベター

ビール党は集合！異国情緒溢れるパブで乾杯

MAX 最大 25名 までOK

· DATA ·

● 完全個室1室：テーブル席
（15〜25名）×1
◎ 利用料無、完全予約制

ブリティッシュ パブ マン イン ザ ムーン ろっかくてん
☎ 075・744・6655
🏠 京都市中京区柳馬場通六角下ル
　井筒屋町418-1（コープイン京都南側）
🍴 パブ
¥ 1人の料金目安／2000円
📱 予約がベター

British Pub
Man in the Moon 六角店

　豊富なウイスキーのラインナップに加え、海外のビールやカクテルも充実。フィッシュ＆チップスなどフードも本格派で、英国から直輸入の壁紙や調度品が本場ロンドンパブの雰囲気を演出するなどこだわりたっぷり。海外のゲストも多く、フレンドリーな外国人スタッフも！

営 17:00〜翌2:00　金・土曜・祝前日15:00〜翌2:00　日曜・祝日15:00〜24:00
休 無休　禁煙席有　子ども可　P 無

単品飲み放題プランは2315円。本格バーカウンターを備えた2Fは、15名から貸し切り個室として利用できる。大型テレビやプロジェクターも完備しているのでパーティにぴったり

大切な人を連れていきたい
京都個室のあるお店
定価：本体907円＋税
2019年10月7日 初版第一発行

表紙
デザイン：楠本真理
撮影：夏見タカ
撮影協力：京都 幽玄(P16)

■ 企画・編集・発行
株式会社 リーフ・パブリケーションズ
〒604-8172
京都市中京区烏丸通三条上ル メディナ烏丸御池4F
TEL.075・255・7263 ／ FAX.075・255・7621
http://www.leafkyoto.net/
info@leafkyoto.co.jp

■ PUBLISHER
中西真也

■ EDITOR IN CHIEF
八木真望

■ EDITOR
濱田有華

■ CIRCULATING STAFF
大塚健太郎、坂田尚也、内山正之（西日本出版社）

■ AD STAFF
細田光範、原田淳史、鈴木一司、澤野峰幸、
五十嵐彩、谷村朋実、岩崎保奈美

■ ACCOUNTING STAFF
柿森洋一、岩田彩加

■ DESIGNER
楠本真理

■ PHOTOGRAPHERS
夏見タカ
木村有希

鈴木誠一
武甕育子
橋本正樹
畑中勝如
桂秀也
津久井珠美
ナリタナオシゲ
高見尊裕
中尾写真事務所
舟田知史
倉本あかり
増田えみ

■ WRITERS
萩永麻由加
吉野智子
渡辺裕子
西川有紀

億奈央子

■ PRINTING
図書印刷株式会社

※落丁・乱丁はお取り替えいたします。
※本誌掲載の写真・イラスト・地図及び記事の無断転載を禁じます。
© 株式会社 リーフ・パブリケーションズ 2019 Printed in Japan
ISBN 978-4-908070-49-5

Leaf MOOK・書籍案内

気になる本があれば、お近くの書店で注文してください！

「京都飲み会Leaf」
924円（税別）

「京都・滋賀
おいしい眺めのいい店」
924円（税別）

「めぐる京都」
815円（税別）

「Men's Leaf vol.5」
924円（税別）

「京都おいしいグルメちび」
907円（税別）

「京都案内」
900円（税別）

Leaf MOOK・書籍の購入方法

Leaf MOOK・書籍はお近くの書店でもお申し込みいただけます。
（※一部受付できない書店もございますので、予めご了承ください）

「近所にLeaf MOOK・書籍が買える書店がない」という方にはLeafから郵送します。
ご希望のMOOK・書籍を明記の上、現金書留で本代と送料をお送りください。到着次第すぐにお送りいたします。
（※お手元に届くのに、約1週間～10日かかります。また、在庫切れの場合もございますのでご了承ください）

本代（※MOOK・書籍によって異なります）＋**送料150円**
2冊以上の送料は、冊数×150円となります。

もっと京都を知りたい人におすすめ！
月刊誌Leaf 年間定期購読のご案内

毎月、京都・滋賀の旬の情報を網羅した『Leaf』。買いそびれないためにも、
毎月確実にお手元に届く定期購読をおすすめします！

年間購読料（1年間12冊分）**本体500円×12ヶ月＝6000円（税別）**
（送料はかかりません）

申し込み方法

1. 直接申し込みの場合
現金書留にて、合計金額と、住所、氏名、年齢、電話番号、ご希望のMOOK・書籍名または月刊誌Leafのご希望の開始月を明記の上、下記住所までお送りください。

〒604-8172
京都市中京区烏丸通三条上ル メディナ烏丸御池4F
株式会社リーフ・パブリケーションズ 販売部

2. FAXにて申し込みの場合（銀行振込にてお支払）
FAXにてお申し込みの後、こちらから振込先をFAXにてお知らせします。振込が確認でき次第、お送りいたします。入金確認に少し時間が掛かりますので、お手元に届くのが遅れますがご了承ください。

FAX.075・255・7621

お問い合わせ／Leaf販売部 TEL.075・255・7263